少女時代／モルドバ

少女時代のコリー、モルドバの小学校で右手に校庭のバラ、左手に通学カバン

モルドバ

モルドバのヒマワリ畑　photo：KORY　Moldova

東ヨーロッパの地図とモルドバ、ルーマニアの位置
＊地理的概念図で国境を正確に表わすものではない

少女時代／モルドバ

コリー、少女時代、モルドバに来訪したサーカスの移動動物園のラマと一緒に

コリー、中学生の頃、ミスコンで優勝

モルドバの田園風景、牛の放牧　photo：KORY　Moldova

母

母は小学校の先生をしていた、この写真のときコリーを妊娠している

若い頃の母

向かって中段左が母、他の子はお友達

両親・祖母

前列中央に座っている白い服がコリー
後列中央は母と父

逞しく、強かった祖母。2023年3月に98歳で永眠した。95歳のとき村で最長寿となりお祝いを受けた

祖母は、毎日、ルーマニアの市場で野菜や果物、卵などを売っていた

人生の転機となったイベント「インフォ・ブラス」の入場パス

家族・親族

親族の写真、母(左端)、伯父(左から三人目)、弟(後列中央)、祖母(右から三人目)、コリー(右端)

弟のネルと妻のミハエラ

親族の誕生パーティーで
右は親族の男の子

下写真：コリー、独りになって仕事を始めた頃

上写真：眼前にドナウ川が拡がるルーマニア・ガラツの公園で、母と愛犬ユリ

日本に来てからの日々

熱海の展望台で

仕事でロシアへ、花束を頂いた

愛犬のユリ、パンジーとともに

モデル・タレントを始めた頃の宣材写真

幸せな暮らし

モルドバの首都キシナウで親族の誕生パーティー、母（中）、右は母の従姉妹の子

来日してから銀座で

弟と箱根のロープウエイで

母（左）、右は母の従姉妹

日本でのモデル、タレントの仕事

モルドバの民族衣装で、テレビ番組に出演

モデルの宣材写真

ユーチューバーとしても活動

ちょっとセクシーな衣装での撮影

得度

得度式に臨む

得度式

得度式

得度式

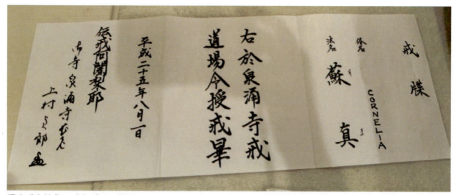

得度式を終え、戒を受けて僧尼になったことを証する戒牒。法名「蘇真（そま）」を頂いている

得度したことを証する度牒

得度式には母が来てくれた

得度式のあと母と

＊プライバシー保護のため画像を一部加工修正しています

モデル、タレント活動／近影

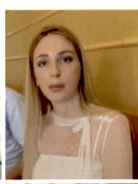

モルディブのビーチで

KORY

KORY Moldova Lifestyle Magazine

特集

KORY ♥ Moldova

モデル／タレント

コリー・モルドバは

Moldova
Leova
Chișinău
Cîșlița-Prut

Romania
Galați

何故？
日本で
得度したのか
とく　ど

著者：KORY Moldova

モデル／タレント　コリー・モルドバは
何故？　日本で得度したのか

目　次

巻頭口絵

総扉　　　　　　　　　　　　　　　　　　　　　　　　　　1

目次　　　　　　　　　　　　　　　　　　　　　　　　　　2

PROLOGUE［まえがき］　　　　　　　　　　　　　9

私が生まれた国モルドバ　　　　　　　　　　　　　　11

　　私が生まれた国、モルドバ　　　　　　　　　　　　　12
　　周りから羨ましく思われた裕福な家庭　　　　　　　　12
　　父の放埓とＤＶ（家庭内暴力）　　　　　　　　　　　18
　　「殺される！」と叫んで近所の人に助けを求める　　　18
　　今でも私の心に残る傷　　　　　　　　　　　　　　　19
　　警察に言っても助けてくれない　　　　　　　　　　　20
　　家の生活費を女のために使ってしまう父　　　　　　　20
　　市場でツケで買い物をするお母さん　　　　　　　　　21
　　父からの性被害！　　　　　　　　　　　　　　　　　23
　　父からの逃避行　　　　　　　　　　　　　　　　　　25
　　逃避先で親族からの不満　　　　　　　　　　　　　　28
　　半年後に再度の逃避行　　　　　　　　　　　　　　　29
　　もう家に戻ることはないと決心　　　　　　　　　　　30

思春期をルーマニアで暮らす　　　　　　　　　　　　33

　　ルーマニアのガラツという町で暮らす　　　　　　　　34
　　16歳、高校生からルーマニアの学校生活が始まった　 35
　　ベッドも家具もなく、床で寝て床で食事の生活　　　　35
　　ルーマニアで国から３ＬＤＫの部屋がタダで　　　　　36
　　高校で必死に勉強して首席になりました　　　　　　　38
　　奨学金をもらって、市場で食べ物を買う　　　　　　　38
　　運命の出会い「インフォ・ブラス」　　　　　　　　　39
　　通訳の仕事、日本人との出会い　　　　　　　　　　　40

目 次

そして日本へ　43

- 日本のモデル・プロダクションのオーディションを受ける　44
- ルーマニアにもモデル事務所はありました　44
- オーディションに合格して6か月後に日本へ　45
- 海外で稼げるのは私だけだから　45
- 日本に行ったら何があるか分からない　46
- 食費の1万円を日本からモルドバの母に送る　48
- お母さんは、びっくりして泣いていました　49
- 成田に着いたときからずっと日本にいると感じた　50
- モルドバから日本へはアムステルダム経由で　51
- 最初は、麻布十番でファッションショー　52
- 日本語を毎日5個から10個覚える　53
- 6か月経ってルーマニアに戻る　53
- ルーマニアでは大学、大学院に通い、銀行でアルバイトも　53
- 1年間、日本で働いてその次は1年半後でした　54
- 大学と大学院で8年間、日本との往き来を繰り返す　55
- ルーマニアの大学院卒業資格は日本で使えなかった　55

突然の弟の重病　　　　　　　　　　　　　　57

　モデル仲間とダンスチームを組む　　　　　　　58
　弟の大学進学の費用を稼ぐ　　　　　　　　　　58
　突然の弟の重病　　　　　　　　　　　　　　　59
　ルーマニアの病院で治療法がないと宣言される　60
　シベリアのノボシビルスクの病院へ　　　　　　62
　憔悴した私が病人と間違われた　　　　　　　　62
　飛行機の長旅で弟は昏倒する　　　　　　　　　64
　肝炎は治癒しましたが6年間通院　　　　　　　65
　弟の肝炎は消え、進学費用も消えた　　　　　　66

私を助けてくれた人たち　バカにした人たち　69

　私を助けてくれた日本人男性　　　　　　　　　70
　母を先生の仕事から辞めさせたかった　　　　　71
　弟を大学に、母を楽にさせてあげたい　　　　　71
　私たちを助けてくれたルーマニア人　　　　　　72
　バカにされたり、いじめに遭った高校時代　　　72
　我慢して見返してやろうと、ものすごく勉強した　73
　卒業試験で一番になった　　　　　　　　　　　74

別れと出会い　　　　　　　　　　　　　　　77

　日本での最初の恋人との別れ　　　　　　　　　78
　旦那さんとの出会い　　　　　　　　　　　　　79
　親友との別れ　　　　　　　　　　　　　　　　79
　友人女性はルーマニアで死ぬことを決断　　　　80
　4人でルーマニアに向かう　　　　　　　　　　81

目次

まさか結婚するとは　　83
　彼女の没後みんなで集まる　　84
　まさか結婚するとは思わなかった　　84
　離婚歴があり前妻と子どもが……　　85
　日本での生活　　86

得度までの道のり　　87
　仏教に興味が　　88
　得度することに　　88
　得度までの道のり　　89
　寺で私はお茶を入れるだけ　　92

そして離婚　　93
　新婚の２年ぐらいは、優しかった　　94
　疲れてきて、傷付いた　　96
　私をメイドとして扱った　　97
　旦那さんとの生活に疑問が　　98
　離婚を決意　　99
　離婚したときも１円ももらっていません　　100
　離婚宣言から手続きまで　　101
　８年間の結婚生活、二人で築いたもの　　102
　離婚後のこと　　104
　私がモルドバに帰ることを望んだのか　　105

私は自立していかなければいけない　　107
　私は自立していかなければいけない　　108
　離婚後、会社を作る　　111
　赤坂の会社の女性社長との出会い　　112
　８年の結婚生活より、離婚後の５年の方が幸せ　　114

生まれ変わったような人生　　　　　　　　115

　生まれ変わったような人生　　　　　　　　　116
　モルドバ（ルーマニア）に帰るという選択肢　116
　日本人の男性じゃないと合わない　　　　　　117
　日本人男性を悪くは思いませんでした　　　　118
　私は大丈夫、でも……　　　　　　　　　　　118
　料理への不満はトラウマに　　　　　　　　　119
　その後のモルドバの父　　　　　　　　　　　120
　私は今は日本で幸せです、母も弟も幸せ　　　122

KORYは、何故？　得度したのか　　　　125

　「KORYは、何故？　得度したのか」　　　　126
　火葬に驚きました　　　　　　　　　　　　　127
　骨上げにもビックリ！　　　　　　　　　　　128
　初めから得度を目指していた訳ではない　　　129
　得度して貴重な体験が出来た　　　　　　　　130
　得度して名前（法名）をもらいました　　　　131

家族のこと　　　　　　　　　　　　　　133

　苦労したお母さん　　　　　　　　　　　　　134
　日本からの仕送りで生活が楽に　　　　　　　135
　仕事を辞めさせてよかった　　　　　　　　　135
　お母さんのために一所懸命、生きて行きたい　136
　お母さんも、日本が大好き　　　　　　　　　138
　おばあちゃんの暮らし　　　　　　　　　　　140
　釣りをして料理をした思い出　　　　　　　　142
　おいしい果物がいっぱい　　　　　　　　　　144
　川を渡ればルーマニア　　　　　　　　　　　145
　ルーマニアの市場で買い物　　　　　　　　　147
　おばあちゃんは市場で果物などを売りました　147
　弟はおとなしい性格で真面目　　　　　　　　150
　弟の子どもは愛情いっぱいの家庭で　　　　　150
　来日直後にケビンが重症に　　　　　　　　　151

目次

　　まさか治療費が無料とは　　　　　　　　152
　　再びアレルギーで１か月入院　　　　　　153
　　２回目の治療も無料でした　　　　　　　154
　　日本の支援には本当に感謝しています　　155

得度の修行　　　　　　　　　　　　　　157
　　１年間得度の修行　　　　　　　　　　　158
　　ご飯の食べ方、座り方　　　　　　　　　159
　　正座は辛かった　　　　　　　　　　　　160
　　最後に説法や質問、そして得度式　　　　160
　　大好きな寺の匂い　　　　　　　　　　　161
　　８年間の結婚生活、幸福な時間も　　　　161
　　自分の国の宗教は？　と聞かれます　　　162
　　得度してよかったこと　　　　　　　　　164
　　自慢出来るし頑張れる　　　　　　　　　165
　　感謝もありますが……　　　　　　　　　165

私はもっと自由になりたい　　　　　　　167
　　私はもっと自由になりたい　　　　　　　168

日本で好きなこと　驚いたこと！　　　171
　　日本で好きなこと　　　　　　　　　　　172
　　日本各地を旅行　　　　　　　　　　　　172
　　温泉は、みんな裸で入るの？　びっくり！　173
　　弟はタトゥで温浴施設退場に　　　　　　174
　　日本の食べ物は、なんでも好き　　　　　175
　　日本に来てびっくり！　したこと　　　　176
　　ラーメンを啜る音　　　　　　　　　　　176
　　ゴミ箱がない！　　　　　　　　　　　　177
　　犬のトリミング！！　　　　　　　　　　177
　　トイレもびっくり！！！　　　　　　　　178

モデル／タレント　コリー・モルドバは　何故？　日本で得度したのか　　目　次

拭いきれない心の傷　　179
　拭いきれない心の傷……　　180
　心のケアもしたけれど　　181
　それを乗り越えて楽になった　　182

自分の人生を振り返ると　　183
　日本人男性との結婚も勉強になった　　184
　日本人を嫌いになる気持ちはなかった　　185
　日本人の男性は、すごい優しい　　186
　日本という国も嫌いになることはなかった　　186
　ヨーロッパでは出来なかった　　187
　自分の人生の半分振り返ると　　188
　これからは、自分のために生きていきたい　　189

私も幸せになるために頑張ります　　192

EPILOGUE ［あとがき］　　194

　［参考資料］　　196

　［編集後記］　　198

　［奥　　付］　　200

PROLOGUE ［まえがき］

私は、モルドバから来て、お坊さんと結婚しました。
日本でお坊さんとどういう生活をしたか、それを伝えたい。
どんな生活をしたか、どうしてお坊さんと別れたか。
それを言いたい。

私は、日本で得度しました。
名前（法名）もらいました。
京都の大きいお寺で修行して、得度しました。

初めての外人。
外国人で初めて得度したのは、私。
私のストーリーは、全部話したい。
私の人生だから。

モデル／タレント　コリー・モルドバは　何故？　日本で得度したのか

地理上の概念図／国境を確定するものではない

＊モルドバ
　東ヨーロッパの国。北部・東部・南部はウクライナ、西部はルーマニアと国境を接している。面積3万3,843㎢（九州よりやや小さい）、人口259.7万人（2021年：モルドバ国家統計局。トランスニストリア地域の住民を除く）
＊モルドバ民族分布
　民族：モルドバ人（ルーマニア系75.1％）、ウクライナ人（6.6％）、ロシア人（4.1％）、ガガウス人（トルコ系4.6％）等
＊レオバ（市）
　レオバはモルドバの南西部にある市。プルート川を挟んで隣国のルーマニアと接する。人口10,027人（2004モルドバ国勢調査）
＊モルドバ独立
　1980年の時点では、モルドバは、モルダヴィア・ソビエト社会主義共和国（略称：モルダヴィアSSR）。1991年8月27日、モルダヴィアSSRはモルドバ共和国として独立を宣言し現在に至る。

KORY Moldova MY STORY　　Moldova Romania and Japan

私が生まれた国
モルドバ

私が生まれた国、モルドバ

　私が生まれたのは、東ヨーロッパの国モルドバです。レオバという小さい町でした。私が生まれた頃は、モルドバは、まだソビエト連邦（ソ連）の一つの国でした。

周りから羨ましく思われた裕福な家庭

　私の家族は、父、母、私と弟の４人家族でした。父は、レオバの町の偉い人でした。ソ連の時代には、町の人は皆、ご飯や食べ物に困っていました。その頃は、食べ物が自由に買えない時代でした。食糧は、配給制で決まっていて、４人家族なら１か月で、砂糖は２kg、パンは一日二つと決まっていました。うちは、父が偉い人だったから、そういう食べ物が不足するという問題はありませんでした。なんでもありました。今と競べると違いますが、子どものときから家はお金持ちで、周りから羨ましく思われていました。

　すごくいい家庭に生まれました。

私が生まれた国モルドバ

モルドバの田園風景

モルドバで生まれたコリー
少女時代をレオバの町で暮らす

モデル／タレント　コリー・モルドバは　何故？　日本で得度したのか

モルドバ　レオバの町の教会（聖堂）
photo：Ion Calalb　https://www.google.com/maps/place

私が生まれた国モルドバ

モルドバ　レオバの町へ入る看板
photo：Max Markov　https://www.
google.com/maps/place

モルドバ　レオバの高校　（＊コリーが通学した高校とは異なる）
画面右に戦争記念（戦没者慰霊）碑が見える
多くの市民や子どもたちが訪れる
photo：Max Markov　https://www.google.com/maps/place

モデル／タレント　コリー・モルドバは　何故？　日本で得度したのか

モルドバ　レオバの町 冬の景色　photo：zelialex　https://www.google.com/maps/place

私が生まれた国モルドバ

モルドバ　レオバ　中央健康センター　photo：Portarescu　Sergheiv
https://www.google.com/maps/place

モルドバ　レオバ　財政検査局　photo：Ion Calalb　https://www.google.com/maps/place

父の放埓とＤＶ（家庭内暴力）

　町の有力者であった父は、だんだん調子に乗って、お金があったから外に女を作って浮気をしていました。私が子どもの頃は、お母さんは優しいしっかりとした人で、私たち姉弟の育て方も、いい教育をもらったのに、お父さんはあちこち遊んでいました。

　私は、子どものときからそれを見てすごいショックを受けていました。うちのお母さんがいつも苦しんでいるのを見ているからすごいショック受けていました。お父さんは、毎晩帰って来るのが遅い。遅くに帰ってきてお母さんを殴ったり、子どもたちを殴ったりしている。

「殺される！」と叫んで近所の人に助けを求める

　あのとき、冬、私がまだ子どものとき、10歳くらいのときでした。すごい雪が降っているとき、25センチか30センチくらい積もっていました。お父さん、家に帰ってきて、夜中にお母さんを殴った。お母さんは、深夜の1時2時に子どもを連れて、靴を履かないまま、裸足で外に逃げました。

あんな寒い冬に雪の中で、近所の人のところに行きました。近所の人は寝ていました。うちのお母さんは、大きな声で「お願い助けて！ 助けて！！」と叫びました。「殺されるから！」と。

近所の人が、出てきました。私と弟の足は冷たくなって、からだも震えている。次の日、学校がありましたけど、前日の深夜には、酷い経験をしていたのです。

今でも私の心に残る傷

これは今でも、私の心に残っています。頭の中にずっと残っている。その光景を見たから。私のお母さんはお父さんとは離婚出来ない。なぜなら離婚したら生活が出来なくなるから。それが今、すごく分かった。今の時代は、女の子一人でも働けるし、お金稼げるけど、あの時代はそうではなかった。

母は小学校の先生でした。お母さんは先生だったけど、給料はすごく少なかった。二人の子どもを育てることは出来ない。だからずっと我慢していました。私は６歳くらいのときにそういった光景を見てすべてを分かっていた。

うちのお母さんは、私が15歳になるときまで我慢していました。弟は10歳でした。子どもの頃はずっとこういう生活でした。

警察に言っても助けてくれない
　こういう出来事が何回もありました。近所の人はもう慣れていました。彼は町の偉い人だから、上の方と繋がっているから誰も警察に言えない。大きい町ではなかったから。言っても誰も助けてくれない。

家の生活費を女のために使ってしまう父
　うちはお金がある家庭でした。町の人はみんなそう言っていたけど、家のお金は全部お父さんが、彼女たち、女に使う。子どもは、ご飯食べるためのお金もない。だんだん、そうなっていきました。うちのお母さんは、いつも市場に行って、パンやバナナを買っていましたが、お金がなくて払えないから、ノートに書いて自分の学校の先生の給料が出たら支払するということをしていました。

お父さんは、会社にたくさんお金がある人でしたが、私たちを助けませんでした。お父さんは農業関係の会社（公社）を経営していました。ソ連の時代には、産業は何より農業を優先していました。お父さんは町の農業の一番トップでした。ですからなんでも手に入れることが出来ました。何処に行っても、相手はお金を取らず、どうぞと言って招きました。

市場でツケで買い物をするお母さん

　彼は力があったからお店は何処でも大丈夫でしたけど、お母さんと子どもたちは可哀相だった。誰も裏の生活を知らなかった。知っていたのは、市場のおばちゃんだけでした。うちのお母さんが、買物はいつも紙に書いて、給料をもらったら払っていた。私が8歳から15歳になるくらいまで、そういう生活でした。ずっと覚えています。お母さんは、ずっと離婚をしたかったのですが出来なかった。

モデル／タレント　コリー・モルドバは　何故？　日本で得度したのか

コリー中学生の頃、中学生まではモルドバで暮らし、16歳で高校に進学するときからルーマニアでの生活が始まる

父からの性被害！

　私が15歳になったとき、お父さんが夜遅く帰ってきて私と弟が寝ていた部屋に入ってきました。私は自分のベッドで、弟は自分のベッドでした。お母さんのベッドルームは別で、家の奥の方でした。お父さん、酔っぱらって帰ってきて、私たちの部屋に入ってきました。

　私は寝ていて、よく分かりませんでしたが、私の隣に入ってきました。私は、酔っぱらって、お母さんと間違えたのかと思いました。そのときは、お母さんのお母さん、おばあちゃんがうちに一緒に住んでいました。

　お父さんは、酔って帰ってきて、私の側に横になりました。私は15歳でまだよく分からなかったのですが、誰かが私のからだを触っているということに気付きました。触っている手が、だんだん下の方、私の下半身の方に行きました。『あれ！』と、隣を見るとお父さんでした。お父さん、お母さんと間違えている！？　私は、びっくりして大きな声を出しました。お母さんが、飛んできました。お父さんが私と一緒にベッドにいるのを見て、叫びました。おばあちゃんも起きて

きて、大騒ぎになりました。私はすごいショックを受けて、ベッドから飛び起きましたが、倒れました。気を失ったのです。感覚がなくなりました。おばあちゃんは、私が死んだと思って、お父さんを棒のようなもので叩きました。そうするとお父さんは、私のことは放っておいて、おばあちゃんを殴ろうとしました。

　おばあちゃんは、家から外に出て門から大きい声で「助けて！」と叫びました。このときも寒い冬でした。「助けて！」と叫んだおばあちゃんの大きな声は近所の人に聞こえ、近所の人たちが集まってきました。お父さんは、おばあちゃんを捕まえて、口の中に手を入れて、叫び声を止めようとしました。口を左右に広げたので、おばあちゃんの口の端は切れて、血が出てしまいました。そこまでの騒ぎになりました。

　私はまだ気を失ったままで、お母さんもパニックになっていました。近所の人たちが救急車を呼んでくれました。救急車で病院に運ばれた私は、病院で治療を受けました。よく覚えていないのですが、多分、点滴か何かだったのではと思います。

父からの逃避行

　お母さんは、もう、この人から逃げるしかないと決心しました。娘にまで手を出したから逃げるしかないと決めたのです。どこに逃げるか考えたときに、お母さんのお兄さん、私の伯父さんの家に逃げることにしました。伯父さんは、モルドバの首都キシナウに住んでいた。伯父さんに電話して、こういうことがあったと、伝えました。「お願いします。私たちを助けて下さい。伯父さんの家にしばらく置かせて下さい。仕事見つけるまで置いて下さい」とお願いしました。そうしたら、伯父さんがクルマで迎えに来てくれて、逃げることが出来ました。お父さんが、仕事に行っている間に、キシナウに向かいました。車で2時間くらいかかりました。

　お父さんが夜、帰ってきたら私たちがいない。伯父さんからお父さんに電話して、「あなたは酷すぎるから、もう戻らない」と伝えてもらいました。この頃は携帯電話がない時代なので、固定電話での連絡でした。

＊首都キシナウ
　レオーバから首都キシナウまで約117km。車で1時間半ほど。

モデル／タレント　コリー・モルドバは　何故？　日本で得度したのか

モルドバ　首都キシナウ　ダチア大通り　1980年頃　photo：Ion Chibzii　https://ja.wikipedia.org/wiki/

モルドバ　キシナウ中央駅　photo：Clay Gilliland　https://ja.wikipedia.org/wiki/

私が生まれた国モルドバ

モルドバ　キシナウ中心部（シュテファン・チェル・マレ大通り、大聖堂・鐘楼）
photo：serhio　©public domain　https://ja.wikipedia.org/

逃避先で親族からの不満

　お母さんは、キシナウで仕事を探そうと思ったのですが、伯父さんのお嫁さん（伯母）と娘さん（従姉妹）、この二人が……。

　私たちお金がないから、何も買えない。着るものも、食べ物も何もないから、この二人が作った料理を食べるしかありません。そうしたらこの二人が食べるときにじっと見ている。「すごい、たくさん食べる……」とか……。肉はあまり手に入りませんでした。値段も高かったですから、肉を使った料理は、あまり、ありませんでした。ジャガイモの料理が多かったです。

　私たちは、部屋は一つありましたがベッドがなくて床で寝ていました。奥さんは、私たちがいつまでいるのかと不満を言うようになりました。奥さんは「この人たち、いつまでこの家にいるの？」。ずっと言い続けるようになりました。

　お母さんの仕事も見つからなくて、毎日やることが何もないので、ここもうるさい（親族が不満や文句を言うようになっていた）。仮住まいも安住の地ではなかったのです。

半年後に再度の逃避行

　結局、私たちは、レオバの家、お父さんの家に戻りました。戻って1か月くらいは、お父さんはものすごく優しくなりました。人が変わりました。お金も出すようになりました。私たちに洋服を買ったりしました。ああ、元の生活に戻った。食べ物がないということもなくなりました。

　ですが、ここの生活も半年でした。半年後に、お父さんは、また変わりました。半年後にまた別の彼女、女を見つけて付き合いを始めたのです。酷い女でした。うちのお父さんから全部、お金からすべて取りました。そうするとお父さんは、また家族にお金をあげない。そのとき、お母さんはこのままモルドバにいても生活出来ない。逃げても、彼（お父さん）に見つかると殺されるから、おばあちゃんのところに逃げることにしました。おばあちゃんが大きいクルマで迎えに来て、私たちと一緒に荷物を運びました。これは、昼間お父さんがいないときに実行しました。30分で全部終わりました。レオバからおばあちゃんのところまではクルマで4時間くらい離れていました。モルドバ南西部のクシュリツァ・プルートという小さな町でした。

もう家に戻ることはないと決心

　キシナウに行ったときは、私たちは荷物を何も持って行けませんでした。今度は、お母さんは自分が買ったベッドやタンス、テーブルなどの家具も運びました。

　お父さんが夜帰ってきたら、何もない。なくなっているから、さすがにやばいと思ったのでしょう。どこにいる？　お兄さんの所にいない、絶対におばあちゃんの所にいる。次の日にお父さんは、おばあちゃんの所に来ました。

　お母さんには、もう一人お兄さん（コリーの伯父）がいました。お父さんは、このお兄さんとすごい喧嘩をしました。ですが、お母さんは、「もう戻らない」と告げました。お父さんは、「私はこれで帰るけど、必ず家に帰って下さい。恥ずかしいから。絶対に離婚しないから」と言いました。

　お母さんは、「分かった、じゃあ、私、考えるから」と答えました。もう家に戻ることはないと心に決めていたお母さんでしたが、その場では決心を告げず、喧嘩にならないようにしたのです。

お父さんが帰ってから、おばあちゃんの所には、夏の間、3か月いました。クシュリツァ・プルートのおばあちゃんの家から、ルーマニアまですごく近くでした。8kmくらい。モルドバとルーマニアの国境を分けるプルート川の橋を渡るだけで、隣の国のルーマニアに行けたのです。

モルドバ　プルート川　photo：Victor Onofrei　https://www.google.com/maps

モデル／タレント　コリー・モルドバは　何故？　日本で得度したのか

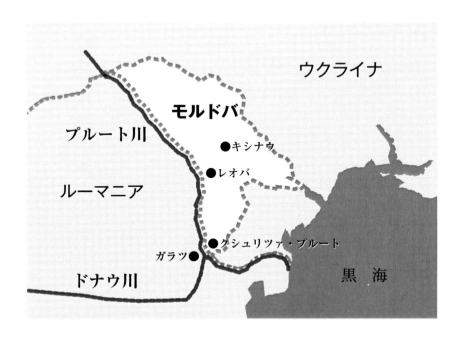

＊ルーマニアのガラツ（ガラツィ）県は、ルーマニア・モルダヴィア地方の県。モルドバ、ウクライナと接している。人口は約47万人。民族構成はルーマニア人が98％以上で、少数のロシア人、ウクライナ人、ロマ人がいる。

＊県都はガラツ（ガラツィ）市。人口は約29万人。ヨーロッパの大河ドナウ川とプルート川の合流点にあり、黒海に注ぐ交通の要衝。

KORY Moldova MY STORY　　Moldova　Romania　and　Japan

思春期を
ルーマニアで
暮らす

ルーマニアのガラツという町で暮らす

　おばあちゃん、お母さんは、もうモルドバにいても意味ないから、ルーマニアで生活してみると決心しました。おばあちゃんの家から8km、橋を渡ってルーマニアの一番近い街、ガラツという街に行って、一番偉い人のところに相談に行きました。

　ガラツの偉い人のところに行って、全部、こうこうこうこうで、モルドバでは怖くて住めない。どうしてもルーマニアに住みたい。普通はそんな簡単じゃないのに、何かミラクルで、うちのお母さん、すごく簡単に偉い人からガラツで小さい部屋をもらいました。この部屋は大学の人たちが住んでいた建物です。大学の寄宿舎か寮だったと思います。いろんな田舎から町に来てる大学の学生寮に私たち親子3人で部屋をもらって住むことが出来たのです。

16 歳、高校生からルーマニアの学校生活が始まった

　おばあちゃんのところに移ったときは、私は 16 歳になっていなかった。まだ 15 歳でした。

　そして、16 歳からルーマニアの学校生活が始まりました。弟は 11 歳、私は 16 歳、高校生でした。ルーマニア・ガラツ市の学校に行くことになりました。お母さんも先生としての仕事をもらいました。あり得ないミラクルになりました。このルーマニアのガラツに優しい人たちがいて、私たちはルーマニアで、3 年間この部屋に住んでいました。

ベッドも家具もなく、床で寝て床で食事の生活

　私たちは、この狭い部屋に住んでいましたが、引っ越したときには何もない、ベッドも何もない。しばらく、下、床で寝て、下でご飯を食べる生活でした。この 3 年間、うちのお母さんはすごい頑張って、ルーマニア首都のブカレストの外務省まで行って、一番偉い人たちに掛け合って、「助けて、助けて、助けて！」と訴えました。それで私たち、ルーマニアの国籍をもらうことが出来ました。

ルーマニアで国から３ＬＤＫの部屋がタダで

　ルーマニアの国籍もらったら、今度はお母さんが、子どもたちと一緒に住むには狭すぎましたから、国から１ＬＤＫでもいいから小さい部屋をもらえないかなと思って相談に行きました。相談には何回も行きました。そうしたら、そこの偉い人が、お母さんのことを好きになって、ガラツの役人は「わかりました、今は新しいビルが出来てる、ガラツの真ん中、センターのところに新しいビルを建てました。ここに名前を書きましょう、抽選しましょう」と助けてくれたのです。その結果、うちのお母さんは、抽選で当選し、３ＬＤＫの部屋をもらったのです。国からタダで新しいビルの中に３ＬＤＫの部屋もらったのです。あり得ない話です。お母さんは、すごく話し方が上手なので、すぐ人の心に入る人です。温かい、すごい温かい人。助けてくれたあの人は、年取った人。絶対、この人を助けたい、そう思ってくれたのです。あのときのお母さんは、今の私の歳でした。あり得ない話です。

　この部屋は国からもらって３ＬＤＫですごく綺麗でした。私と弟は、それまでの学生寮の小さい部屋に住んでたとき

に、いつも私と弟は、ここは弟の部屋ですよ、ここは私の部屋ですよと、小さい部屋なのに仕切りをして二人の部屋を作っていました。いつか、私の部屋が別にある、いつかキッチンがある部屋に住みたかった。お母さんは、「絶対にあるから、未来に絶対そういうことがあるから」と言って頑張りました。私たちには、力がありません。お金もない。ですが、お母さんは、「絶対にそういう未来があるから、私、頑張るから、ちゃんと私たちの家をもらいましょう」と、頑張ってくれたのです。本当にそうなりました。お母さんの言う通りになりました。

母は小学校の先生で数学を教えていた

高校で必死に勉強して首席になりました

　この家に引っ越して、私も大人になりました。19歳でした。それで、私は姉弟で一番上で、家族を守るのは、私しかいません。ですから、家族を守るために、一所懸命、学校で勉強しました。高校の最後のテスト、卒業試験（＊バカロレア＝大学入学資格試験）でナンバーワン、首席になったのです。モルドバ人がルーマニアでナンバーワンになったのです。

奨学金をもらって、市場で食べ物を買う

　私はものすごく勉強して学校から毎月お金をもらいました。毎月、学校からお金もらってた。このお金は、もらったら、すぐに市場へ行って食べ物たくさん買って冷蔵庫に入れました。お母さん、帰って来ると喜んでくれる。あの　お母さんの喜んでる顔を見るとすごい嬉しかった。それはいつもしていました。

運命の出会い「インフォ・ブラス」

　それでも、まだこれでは足りない、私も、学校行きたいし……。どうしようかなと思って、なんか稼げないとだめだと思いました。あのとき、このルーマニアのガラツの町にいろんな国の人たちが来て「インフォ・ブラス」という集まりがありました。それでトルコの人たちが来たり、ウクライナとかいろんな国の人たち、偉い人たちが来てました。ローヤル・イベントみたいな、いろんな国のちょっと偉い人たちが集まっていました。「インフォ・ブラス」に入るには、エクソン（＊バッジ／エンブレム）という、胸に飾る札が必要でした。国際的な交流組織でした、なんの関係だったか、なんの集まりだったか、記憶があまりないのですが、結構、お金持ちのおじさんたちが集まっていました。

通訳の仕事、日本人との出会い

　私もこの「インフォ・ブラス」に入って、通訳の仕事をしました。ロシア語からルーマニア語への通訳です。で、毎月お金をもらいました。小さいお金だけどすごい助かりました。

　それとは別にモデルの仕事もしてました。違うところでモデルもしてました。いつか必要あるかもしれないと思って。「インフォ・ブラス」に入ったときに日本人も来ました。この人は英語をしゃべってました。私、英語はしゃべれなかったけど私の隣にいた男性は日本人。それとウクライナ人かロシア人がいて、この人は英語しゃべってました。

思春期をルーマニアで暮らす

黒海周辺の国々

黒海沿岸諸国には、トルコ、ブルガリア、ルーマニア、ウクライナ、ロシア、ジョージアなどがある。モルドバは内陸国なので、黒海には接していない。
＊白線は、地理的概念位置であり国境を正確に示すものではない

コリーが日本に来るきっかけとなった運命のイベント「インフォ・ブラス」。1999年11月15日から17日に開催されたイベント「InfoBlaS99」。「BlaS」は、「BLACK SEA」黒海のこと。黒海沿岸諸国の発展と融和を考える国際的な情報交換会議らしいが、残念ながら詳細は不明。コリーはここで、ルーマニア語とロシア語の通訳のアルバイトをしていた

41

モデル／タレント　コリー・モルドバは　何故？　日本で得度したのか

黒海沿岸の地図イメージ

KORY Moldova MY STORY　　Moldova Romania and Japan

そして日本へ

日本のモデル・プロダクションのオーディションを受ける

　ずっと私に通訳してたこの人が、「日本からルーマニアに、モデル・プロダクションが来てるよ、1回、オーディション受けたら」って言ってくれました。どうして日本？　私は、日本に行けるわけがない、私はルーマニアで仕事するつもりでした。でもその日本人男性は「いや、ちょっと（オーディションに）行ってみたら」と言いました。「絶対、選ばれるから」と言いました。それでオーディションを受けました。そうしたら合格したのです。私が20歳のときのことです。

ルーマニアにもモデル事務所はありました

　ルーマニアにもモデル事務所がありまして、先生がいて歩き方とかを教えてくれました。レッスンを受け、それで、例えば町のテレビに必要なときとか、洋服のモデルとか、私たちを使ってました。私は、それにちょっと参加していました。

オーディションに合格して6か月後に日本へ

　日本人のモデル・プロダクションが来て、オーディションに行ったら合格。だから日本に行くことになりました。オーディションに受かってから6か月後に日本に来ました。最初は、6か月間のビザでした。私は、20歳になっていました。

海外で稼げるのは私だけだから

　私は日本に行ってみようと、初めから決めていたわけではありません。弟は、若いので仕事が出来ない。家族が困って海外で稼げるのは、私だけだから。そういう気持ちでした。

モデル／タレント　コリー・モルドバは　何故？　日本で得度したのか

日本に行ったら何があるか分からない

　日本に行ったらモデルとは言っても、何があるか分からない。でも、一応、行ってみよう。稼げる、家族を助けるために日本に行こう。そういう気持ちでした。

＊モルドバは、輸出産品が少ないことと人口が少ないためＧＤＰが低く「ヨーロッパ最貧国」などとも揶揄される。そのため、モルドバ人労働者は海外で働き、それによる送金は、貿易・経常収支の恒常的な赤字が続くモルドバにとって重要な外貨獲得・経常収支均衡要因となっている。

＊国際労働機関（ILO）によると、モルドバの失業率は少なくとも12％と言われる。しかし、海外へ出稼ぎに出る人口が推定50～60万人（人口の少なくとも20％）であることを考えると、実数値はもっと高いと思われる。青年が失業の大多数を占め、就職先を求めて海外へ渡る人の半数は30歳以下となる。長引く経済の低迷による不安定な政治と社会の動揺がモルドバの労働力をますます海外へ流出させ、その数は過去5～6年間増大している。非公式には、海外で働いているモルドバ国民の数は60～100万人（労働人口の30％）とも言われている。（ユニセフデータ：2002年頃）（編集部捕捉）

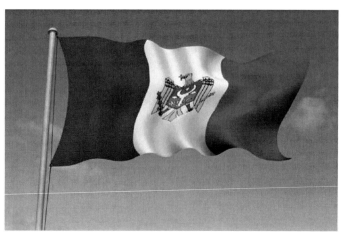

モルドバ　国旗

そして日本へ

モルドバの一般的なアパート

ルーマニアの鉄道

食費の1万円を日本からモルドバの母に送る

　一番、覚えているのは、日本に着いたときにプロダクションから1万円か1万5千円をもらったこと。なんで給料以外のお金をもらったか、それは、給料もらうまでに食べ物とかを買って下さいと言うことで、食費でした。1万5千円くらいもらいました。私、このお金、ずっと調べて、ドルに換えて封筒に入れてポストからお母さんに送りました。自分のために使わないでお母さんに送りました。

　1万5千円もらって8千円か9千円が100ドルになりました。100ドルに変えて白い封筒に入れて、住所書いてポストに入れただけで、あのときには届きました。今みたいにじゃなくて、その時代はそうでした。私がもらった食費のうちの、この100ドルは、最初にお母さんに送りました。

100ドル紙幣

そして日本へ

お母さんは、びっくりして泣いていました

　100 ドルは、その頃のモルドバではすごい大きいお金（＊当時の年間一人当たりＧＤＰの約１／４　＊編集部試算）。お母さんはびっくりして泣いていました。まだ食費の一部 100 ドルだけで、給料はまだだったのに、まだ全然今みたいに稼げてないのに、「あれ？　私、家族助けられるじゃない」とすごく強く思い、じゃあ日本で稼ごうと思ったのです。

モルドバの紙幣、単位は「レウ」（レイ）

＊ 2000 年頃のモルドバのＧＤＰ／一人あたりは約 354 ドル。2000 年の円ドル換算レート（約 107 円）で試算すると、約３万 7,878 円。これがモルドバの一人当たりの年収（ＧＤＰ）になる。娘が 100 ドル（約 8,560 円を送ってきた。これは、モルドバの年収ＧＤＰ）の１／４を超えるほどの金額であった。（JICA 調査結果／出典：国家統計・社会学庁、経済省（１人当たり GDP は調査団推計を含む）により編集部試算）

＊ 2000 年で１ドルは約 107 円、100 ドルで１万 700 円、2001 年で１ドルは約 121 円、100 ドルで約 8,264 円。2002 年で１ドルは約 125 円、100 ドルで 8,000 円ほど。100 ドルが 8,000 円から 9,000 円と言うコリーの記憶は、ほぼ正しい。(IMF Data／IMF Exchange Rate Archives by Month により編集部試算）

モデル／タレント　コリー・モルドバは　何故？　日本で得度したのか

成田に着いたときからずっと日本にいると感じた

　最初に日本に着いたときから、成田に着いたときから、まったく違う。人間も言葉も食べ物も……。全部違う、だけど、なんか怖くなかった。この先、ここにずっといるとすごく感じました。最初から、全然怖くなかった。食べ物だけ、最初は無理で、毎日マクドナルドか、ヨーグルトやトマトを食べてました。まだ食べ物は、慣れなかったけれど、でも国としては、最初から日本が好きになりました。

成田空港

モルドバから日本へはアムステルダム経由で

　一番最初に日本へ来たときはルーマニアの空港からオランダのアムステルダム空港経由で来ました。成田へは、ＫＬＭの直行便でした。

　航空券のチケット代、日本で宿泊する部屋代などは、全部モデル事務所が出してくれました。部屋は、一人ではなくて、何人かの女の子と一緒に暮らしました。ルーマニアからは三人でした。他の国の人はベラルーシとロシア、ウクライナ、チェコ、スロバキアなど東ヨーロッパの国の女の子、けっこう外国人、たくさんいました。みんな若いし、すごい綺麗な人たちがいっぱいいました。

モデル／タレント　コリー・モルドバは　何故？　日本で得度したのか

最初は、麻布十番でファッションショー

　日本で最初の仕事は、麻布十番でファッションショーでした。日本のメーカーでした。最初はファッションショーが多かった。コマーシャルとかそういうのは最初は全然ありませんでした。あと雑誌の撮影もありました。

モデルとしての日本で最初の仕事はファッションショーだった

そして日本へ

日本語を毎日5個から10個覚える

あの頃、私、日本語も分からないし、何も分からなかった。英語も私しゃべれなかったから。でも日本語を勉強して、3か月でなんとかしゃべれるようになりました。頑張った。日本語は、自分で毎日、言葉を5個か10個覚えてました。3か月で自分で勉強して、下手な日本語で1年か2年か3年か……、自分の下手な日本語で日本にいたけど、そのあと学校に3年間行きました。

6か月経ってルーマニアに戻る

6か月経って、いったんルーマニアのガラツに戻りました。そして、また呼ばれたら、2か月後にまた日本に来る。そういう暮らしが始まりました。

ルーマニアでは大学、大学院に通い、銀行でアルバイトも

その頃、私は、学校、大学と大学院に通っていました。経済を勉強していました。ルーマニアの銀行にも勤めていました。アルバイトをしていました。

まだ、若いときに日本に来てたから大学と大学院は、今はもうないと思うけど、あの頃はルーマニアでは、毎日学校に通わなくても、何処からでも勉強は出来ました（＊通信制度と推測される）。日本にいる間に大学に通ってたことになっていました。向こうに行ったら、ちょうど試験のとき。試験受けて。また次の試験に向けて勉強する、そういう形で大学と大学院を修了しました。

１年間、日本で働いてその次は１年半後でした

　20歳で、初めて日本に来て、6か月滞在の後、2か月、ルーマニアに戻って、また6か月間日本に来ました。トータルで1年間、日本にいる。その後、ルーマニアに帰ったら、次に呼ばれるのは1年半かかりました。この1年半はずっと向こうで大学に通っていました。また呼ばれたときに、ビザが出たときにまた日本に来るという、同じサイクルで日本とルーマニアの往き来が続きました。

大学と大学院で8年間、日本との往き来を繰り返す

19歳で大学に入学して5年、大学院は3年、この8年間は、ずっとこの日本でのモデルの仕事とルーマニアでの大学・大学院生活、これの繰り返し。27歳頃まで大学院に籍がありました。

ルーマニアの大学院卒業資格は日本で使えなかった

大学と大学院で、卒業資格もらってインターナショナル（な資格）だから日本で使えると思ったら、日本では、結局、使えませんでした。日本の会社に勤めようかなと思ったら、日本ではルーマニアの大学・大学院資格が使えなかった。何処に、誰に見せても使えなかった。「え〜！」と思いました。

日本ではダメだった。日本の高校卒業あるいは大学入学資格と同等の資格制度があって、そこが一致しなかったのかな。それで今度、長く日本に来る、住むようになったのは29歳からでした。

モデル／タレント　コリー・モルドバは　何故？　日本で得度したのか

＊ルーマニアの教育制度は，日本の小・中学校にあたる初等教育 9 年間、中等教育（高等学校，高等専門学校）4 年間、高等教育機関（大学）3 年間の 9-4-3 制。そのうち，義務教育は初等教育及び中等教育の前半 2 年間（高等学校）までの計 11 年間とされている。また、大学卒業後に大学院に進む割合も増加傾向にある。（＊ 2015 年外務省データより）

＊ルーマニアは、しばしば学校制度が変わるので当時と現在が同一かどうかは不明（編集部注）

KORY Moldova MY STORY　　Moldova　Romania　and　Japan

突然の弟の重病

モデル仲間とダンスチームを組む

　私、初めは日本にモデルとして来ました。このモデルの仲間の女の子たちとダンスチームを組んで、いろんな踊りを勉強して、ダンサーもしていました。いろんなところでダンサーの仕事をもらいました。それで、お金稼げました。大きい会社のところにイベント行ったりとか、踊ったりとか、それはチップみたいな形でもらっていました。この稼いだお金を全部貯めて、母が住んでいるモルドバに送る予定でした。いつも、いつもね。私、日本で稼いだお金は国に送る予定でした。ちょうどあのときは、昼も夜もずっと日本で働きました。

弟の大学進学の費用を稼ぐ

　なんでお金をたくさん貯めようとしたかと言うと、うちの弟はすごくいい大学に入ろうとしてました。法学部、弁護士の大学に入ろうとしたから、それはすごいお金かかりました。すごいお金かかるから、じゃあ私は働く。家族では、私しか稼げしかない。誰も助けてくれませんから。

突然の弟の重病

　一所懸命働いたら、たくさんお金を稼げました。やっとお金出来ました。弟の大学進学のためにお金出来たら、うちのお母さんから連絡が来ました。弟は「あと3、4か月で死にます」と。私は驚いて、「どうしたの？　何があったの？」と聞きました。そうしたら、弟は肝炎。D型とB型で、Cじゃない肝炎で一番危ない肝炎でした。

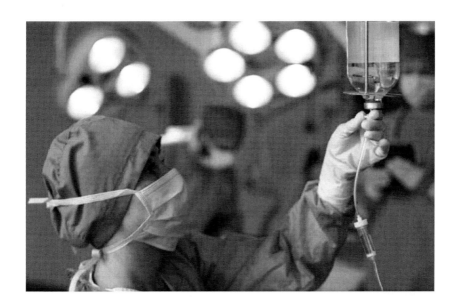

モデル／タレント　コリー・モルドバは　何故？　日本で得度したのか

ルーマニアの病院で治療法がないと宣言される

　弟はルーマニアの病院、ルーマニアの首都ブカレストの病院に入院して、お医者さんが、もうこの子には何も出来ない、助からないから、3か月、4か月かもしれないから、病院からお母さんに今のうちにサインして下さいと言われました。病院から出しましょう（出て下さい）、もう、彼のために何も出来ないと。

＊WHOの国別予防接種制度（2016年7月15日）では、ルーマニアへ渡航の際はB型肝炎の予防接種が推奨されている。
＊なお、2022年4月欧州（ルーマニアを含む）や北米で原因不明の小児の急性肝炎の報告が世界保健機関（WHO）において発表されている。

突然の弟の重病

弟のネル

シベリアのノボシビルスクの病院へ

　私は、日本にいて、そんなことありえない。うちの弟死ぬ訳がない。インターネットでいろいろ調べたら、ロシア・シベリアのノボシビルスクという場所の病院が出てきました。ここは、なかなか入れない病院でした。よく覚えていませんが、ラッキーか、どうしてか、そのようになるようになったか分かりませんでしたが、予約が出来ました。ルーマニアの首都ブカレストからは約5,000km離れた場所でした。

憔悴した私が病人と間違われた

　弟と、8月にシベリアに行きました。2週間の予定でした。2週間病院に行って、お医者さんは女性でしたが、私の顔を見たら、私が病気だと思いました。私は、弟のことがとても心配で、ずっと泣いていたからです。泣き崩れてあまりに顔が酷かったので、お医者さんは私が病気だと思ったのです。そこまで顔が酷かった。弟のためにすごい心配でした。

突然の弟の重病

モルドバ、ルーマニア、ロシアのノボシビルスクの地理的位置概念図

ロシア・ノボシビルスクのトルマチョーヴォ空港
photo：Yūri iwankofu　https://www.google.com/maps/

飛行機の長旅で弟は昏倒する

　ロシア・シベリアのノボシビルスクへ行くには、ルーマニアの首都ブカレストからは何時間も飛行機に乗る長旅でしたが、弟は肝臓が良くなかったために、夜、病院に着いたのですが、ホテルに泊まって、翌朝、病院に行ったら、弟が倒れました。

　私は、弟が病気ですと言って、すぐ検査しましたが、お医者さんは、「これは、すごく危ない状態です」と、すぐ分かって、すぐ点滴して、すぐ入院しました。だけど、私、弟と一緒に病院で、泊まることが出来ませんでした。ホテルは1日1泊だけで、ルーマニアから着いたあの夜だけ泊まりました。ホテルは高いし、そこまでたくさんお金を持ってませんから、どっかで住もうかなと思い、普通のアパート、私だけ小さいアパートを借りました。記憶がはっきりしませんが、誰かの知り合いがいて、普通のアパートを紹介してくれました。

　病院から結構離れていましたのに、そこに住んで、そこから毎日病院に通ってました。

毎日、お医者さんに聞いていました。弟は本当に死なないの？　ルーマニアで死ぬと言われました。いや、お医者さんたちは、「私たちが頑張るから、多分、大丈夫。でも分からない」と。2週間滞在の予定は1か月になりました。さらに、また2週間延長して1か月、弟とノボシビルスク、シベリアの病院にいました。

肝炎は治癒しましたが6年間通院
　このお医者さんのおかげで、肝炎はB型もD型もなくなって、うちの弟は今も生きています。でも、その入院と治療のあと、それだけじゃなくて、毎年、弟と二人で2週間ぐらい入院してました。結局、この病院に6年間通いました。
　治療は手術ではなく、薬や点滴でした。何かすごく強いインターフェロンを使用しました。私、貯めた5万ユーロを、全部、弟のために使いました。私が、日本に来たばかりだから、24、5歳くらい、弟は大学に入る少し前でしたから20歳くらいのときでした。

＊ 2005年頃の1ユーロ平均は136.89円で、5万ユーロを換算すると約684万円ほど。2006年1月4日日本銀行金融市場局データより編集部試算。

弟の肝炎は消え、進学費用も消えた

　久しぶりに病院に行って検査すると、もう弟の肝炎はなくなっていました。すごい不思議で、肝炎はなくなりましたが、私が貯めてたお金、一所懸命日本で働いて、貯まったお金は、全部、弟の病気治療のために消えてしまいました。

　弟は、大学、弁護士を目指す大学を望んでいた。いい大学で学費もすごい高いし、なかなか入れない。でも、もうお金ないから入れない訳です。ですが私は、そしたら、じゃあもう1回日本で頑張ろうと思って、弟の病気全部終わったので、また日本に戻ってきました。

　戻ってきたら、また仕事が始まって、アルバイトしたりとかいろいろ働きました。

突然の弟の重病

ノボシビルスクのオビ川河畔に広がる市街地　photo：D-man　Wikimedia Commons

ロシア・ノボシビルスク市内、レーニン通り。シベリアの極寒の地、冬季にマイナス46.3度を記録したことも　photo：Siberian　Wikimedia Commons

モデル／タレント　コリー・モルドバは　何故？　日本で得度したのか

ノボシビルスクのビジネス街
photo：Dmitri Lebedev　Wikimedia Commons

KORY Moldova MY STORY　　Moldova Romania and Japan

私を助けてくれた人たち
バカにした人たち

私を助けてくれた日本人男性

　そういうなか、一番苦しいとき、日本人の男性、私の一番最初の日本人の恋人が出てきて、助けてくれました。

　私はお父さんのＤＶ（家庭内暴力）があって、「父親の愛情」に恵まれなかった。私、ずっとお父さんいないから、どうしても、心の中で誰かお父さんみたいに私のこと面倒見てくれる人を求めていたのです。そしたらやっと、この人に出会った。

　モデルで日本に来た最初の頃は、外にあまり出ちゃいけないので恋人は作れませんでした。でも、今度また日本に来たときには、モデルのビザだけど、また違う事務所だから、ちょっと自由になりました。そしたら、ダンサーの仕事で踊ったり、いろんなところでアルバイト出来たから、この人に出会うことが出来たのです。日本で一番最初の恋人です。彼は私の面倒をいろいろ見てくれました。私の家族の面倒も見てくれて、彼のおかげで、私の弟、ちゃんと望んでた大学に入ることが出来ました。その後、小さなことで喧嘩別れしましたが、いまでもとても感謝しています。

母を先生の仕事から辞めさせたかった

　私のお母さんは、モルドバで25歳頃から小学校の先生でした。私を妊娠したときは、数学の先生でした。でもモルドバの先生と、ルーマニアの先生では、教育制度や学習指導の内容が全部違う。一緒じゃない。彼女はモルドバからルーマニアに行って、数学の先生やるのは、ちゃんと、国（ルーマニア）からＯＫもらってしましたけど、彼女にとっては、すごく難しかった。モルドバとまったく違う。だから、生徒たちに説明するのはとても難しかった。言葉も違ったし、難しかった。これを見て、どうしても私は、お母さんを、この先生の仕事を辞めさせたかった。

弟を大学に、母を楽にさせてあげたい

　私は日本で一所懸命頑張って稼いで、その代わりに弟はいい大学に入って、お母さんの仕事を辞めさせて、楽にさせてあげたかった。日本で頑張ったから、私が、毎月お金送るように出来たし、お母さんは先生を辞めることが出来ました。弟もいい大学にも入ったし。振り返ると、そう……。

モデル／タレント　コリー・モルドバは　何故？　日本で得度したのか

私たちを助けてくれたルーマニア人

　私たちがお父さんのＤＶ（家庭内暴力）から逃れて、ルーマニアで暮らすようになったときに、私のお母さんを助けてくれたルーマニア人の人が、私と弟を、すごくいい学校に入れてくれた。この方は、ある日突然亡くなったのですが。

バカにされたり、いじめに遭った高校時代

　私たち家族がルーマニアのガラツに逃げて生活するようになった頃、あの頃のルーマニア人は、モルドバ人のことをあんまり好きじゃなかった。私、モルドバ人でルーマニアの学校（高校）に入りましたが、いつもクラスの一番後ろの席に座ってました。いつも私の洋服、着てる洋服とか、いつもみんな笑ってた。お母さん、お金ないから、洋服もあまりないし。私の冬のブーツは、うちのお母さんが糸で縫ってくれたもの。それで、クラスメイトみんな、すごい私のことを笑ってた。「貧乏人」とかなんとか。いつもそう言ってた。私のことをモルドバ人として馬鹿にして、貧乏だと嘲け笑って、男子学生からは、すごいセクハラみたいな感じもあった。私は、すごく

それを感じてた。

　ルーマニア人の同級生は、私のことをずっと笑ってて、いじめたりとか、私が手洗いに行くと、ずっと笑ってる。どんな洋服着てる？　笑ってる。ズボンがちょっと小さいと笑ってる。高校生になり身長が伸びてきているのに、新しくズボンを買うことが出来ない。日本で言うつんつるてんの状態、それをバカにされる。靴（ブーツ）は、母が手縫いで修復したもので、糸が出てる。それを笑ってる。

我慢して見返してやろうと、ものすごく勉強した

　私は、ずっと我慢して我慢して、勉強するのは大好きでしたから、私は、すごい勉強しました。私、学校からお金もらったり（奨学金）したから、自分ですごいと思った。ほんとにすごい勉強して、で、「絶対あなたたちを見返して見せる。笑っていいよ」と、我慢しました。高校の４年間、我慢しました。

卒業試験で一番になった

　高校生活一番最後の試験、バカロレアという卒業試験（大学入学資格試験）なんですが、すごい大きい卒業試験です。絶対この試験に頑張ると思って、もう本当に夜中まで勉強して、一日中勉強して、ずっと勉強してた。私はこのクラス30人の中で一番だった。そしたら、みんな私のこと笑ってた人たちは、あのときからすごい私のこと尊敬して、みんなの意見、意識が私に対して変わった。この30人の中で一番になったのじゃなくて、私たちの学年はクラスは5教室ぐらいあった。だから100何人。その中で、私は一番でした。

　高校卒業時の一番大きなテスト、バカロレアで一番をもらった。私、モルドバ人。それすごい噂になって、すごい話題になった。このモルドバ人、一番になった。あのときから大学入るときも一番になったから、すごいいい大学に入れた。

　それでもう、みんなは私に対する評価、意見が変わった。私は、すごい頑張って一番になった、先生たちも私に対して態度が変わった。先生たちも私のことを馬鹿にしてたけど、みんな私を見る目が変わった。一所懸命勉強した。

　そう……、私は頑張った……。

私を助けてくれた人たちバカにした人たち

＊ルーマニアの学校制度は、目まぐるしく変遷しているが。かつてはジェネラル・エデュケーション（一般教育課程）で小学校4年、中学校4年、高校4年、大学3年となっていた。その後、小中学校9年、高校4年、大学3年となる（2015年外務省データ）。KORYの高校生活は4年間。

ドナウ川とプルート川の合流点に位置するガラツの町並み
photo：HelmiStoDromo　https://www.google.com/maps/

モデル／タレント　コリー・モルドバは　何故？　日本で得度したのか

ガラツの聖ゲオルゲ聖堂（ルーマニア正教会）
photo：Koroner　https://www.google.com/maps/

KORY Moldova MY STORY　　Moldova Romania and Japan

別れと出会い

日本での最初の恋人との別れ

　日本に来て、頑張って、弟が学校（大学）に入った。それで、私の日本での最初の恋人、この方に出会った。私のことを一所懸命、助けてくれた。この方は、私を日本語学校に行かせてくれた。私は学校に行って、3年間、日本語を勉強して前より上手くなった。彼は、私の学費を全部払ってくれた。この人とは、結構、付き合った。結構、助けてくれた。でも、小さなことで喧嘩して、別れました。

　ちょうど別れたところで、私の友だち、ルーマニア人の女性エレナ（仮名）さんが癌になった。この人と別れたばかりだから、寂しすぎて、気持ちとしては独りで居たくないから、その代わりに、私はずっとこのルーマニア人の友だちの面倒を見ていた。病院に行ったり、面倒見たりしていました。

旦那さんとの出会い

病院から2日間ぐらい出て、彼女の誕生日パーティーで私の旦那さんになる人に出会いました。

あのとき、彼が、私の旦那さんになると思わなかったし、みんなで一緒に飲んだり遊んだりしていました。

親友との別れ

この子、ルーマニア人の友だちエレナさんは、あと余命が短いのは分かっていましたから、誕生日だから、私たち彼女を楽しませるために一所懸命頑張った。今でも覚えてる。すごい楽しい誕生日会でした。

そこから彼女は病院に戻ってきて、だんだん体すごい大きくなってきて（浮腫）、で、お医者さんから、彼女もあと1週間か2週間しか生きられないのは、もう分かってるから、「どうしますか。日本で死ぬことを選びますか。それともルーマニアに返しますか」と選択を迫られました。

友人女性はルーマニアで死ぬことを決断

　それで、彼女のお母さんに電話することになりましたが、私は出来なかった。彼女のお母さんにそういうこと言うのは辛くて出来なかった。私ではない、また違うもう一人いた友だちが、ルーマニアで暮らす彼女のお母さんに電話しました。この人は、名古屋に住んでた人で、彼女の友だちのルーマニア人。私の親友のルーマニア人の友だちエレナさんとすごく仲良かった人が、エレナさんのお母さんに電話しました。

　電話したときに、日本に来て下さいと伝えました。彼女のお母さんは、娘が、病気してたけど、癌で死んでしまうのは知らなかった。だから、もうちょっとで彼女いなくなるから、日本に来て下さい。それでどうするか決めましょうと。日本で死ぬか、ルーマニアに連れて行くか。日本には彼女のお母さんと彼女の妹が来ました。二人で来て、ルーマニアで死ぬことを決断しました。

4人でルーマニアに向かう

　エレナさんと彼女のお母さん、彼女の妹、そして私の旦那さんになる人、この4人がルーマニアに向かいました。ビジネスクラスのチケットを買って、エレナさんをルーマニアに返しました。

　彼女はルーマニアで亡くなりました。本当に1週間後だった。日本から出て1週間で、ルーマニアで亡くなった。彼女が亡くなってから、みんな、友だちもショック受けて、どうしてそんな若いのにと。亡くなったのは、まだ、41歳でした。いや、41歳じゃない。

　もっと若い、もっと若かった……。

モデル／タレント　コリー・モルドバは　何故？　日本で得度したのか

ルーマニア・サプンツァ村の墓地は、埋葬されている故人の生涯の場面を描いた鮮やかな色の墓標で有名。「陽気な墓」と呼ばれ、ルーマニアの観光名所になっている。　＊エレナ（仮名）さんのお墓ではない

ルーマニアの墓地に、ひっそりと咲くヒメジオン。
＊エレナさん（仮名）のお墓ではない

KORY Moldova MY STORY　　Moldova　Romania　and　Japan

まさか
結婚するとは

彼女の没後みんなで集まる

　彼女がこの世にいなくなってから、日本に残ってる友だちは、みんな集まりました。みんな集まった。その集まりの中に、のちに私の旦那さんになる人も来ていた。そこからもっと深く付合いが始まりました。彼女が亡くなったあと、私とその人は二人で思い出を話したり、食事行ったりしました。あのとき、この人たくさんお酒飲んだから、いつも私は、なんで、そんなにお酒飲んでる、とか言って彼のお家に行ったり、私のお母さんが日本に来たとき、彼の家に行ったりしました。

まさか結婚するとは思わなかった

　すごいうちのお母さん喜んで、この人あなたの旦那さんならすごくいい人ね。いい生活するんだねとお母さん言ったけど、この人と私、結婚すると思わなかった。彼はモルドバに行きたいと言った。モルドバがどうしても見たい、あと、ルーマニアに行きたいと言った。私たちの友達、エレナさんのルーマニアのお墓に行きたいと言った。

　で、私は彼をルーマニアのエレナさんのお墓に連れて行っ

た、そのあと、モルドバに連れて行き、うちのお母さんのところ行ったら、「私、あなたの娘と結婚したい、いいですか」と。なんか文章書いていた。ルーマニア語で。私は知らなくて、ルーマニア語で文章書いていて、で、お母さんに言った。
　お母さんは、「彼女はどう思うの。私じゃない。私の意見じゃない。彼女がどう思うか」。私、なんというか、ちょっと好きになったかな。優しい人だったし、好きになったし、あと、目的はなんと言えばいい。日本にも居たかった。日本の国も大好きだから。日本にもいたかったし。うーん、じゃ、結婚すると。もっと今は前より好き。今は愛してるかどうかも、そこまですごい愛してるかどうか分からないけど、すごく好き。すごくいい人。彼と幸せになるのはすごく感じた。じゃあ、結婚しようかな。で、ＯＫ出しました。そして、日本に帰ってきたらすぐ籍を入れました。

離婚歴があり前妻と子どもが……

　すぐに籍入れましたが、結婚して、あとで分かったのは、前の日本人の奥さんがいて、子どもたちが二人いました。それはそれでいい。彼の前の人生、私が知らない過去のことは

関係ない。今これから幸せになればいいんじゃないかな、と思ったんですが……。

　普通は前の奥さんと別れると、もう何も関係ないじゃないですか。でも、この人たちの場合、毎日、電話で話して、毎日、会っている。子どもたち、しばしば、うちに来てる。なんかちょっと違うんじゃないでしょうか？　じゃあ、私は誰なのかな？　彼は私と結婚して、私は誰になったのかな？　でも、私、一所懸命、料理作って旦那さんの面倒見ました。

日本での生活

　結婚して家にいた暮らし。その話をします。結婚生活では、ほとんど家にいてやることがない。それで、芸能プロ事務所に登録して、モデル、タレントとして日本のテレビ番組などに出ていました。だけど、退屈だった。モデル、タレントの仕事は、毎日あるわけじゃないですから。そして、そのあと自分の世界が欲しいということで、自由が欲しいということで、お友だちのお店を手伝うようになった。だけども、夜の店なんでダメだと旦那さんが言う。じゃ、それが嫌だったらお店出してほしいと、言ったけど、それもダメだと。

KORY Moldova MY STORY　　Moldova　Romania　and　Japan

得度までの
道のり

仏教に興味が

　私と結婚したこの方は、お坊さんでした。私は、まだ、仏教や宗派、寺の暮らしという、文化が分からなかったのです。でも、旦那さんはお坊さんだから、私は一所懸命、調べようと思いました。家にいる間、ずっとお坊さんの話とか全部調べました。彼からも聞いたけど、あまり分からない。日本の仏教には、いろんななんとか宗、なんとか宗がある。そして真言宗。分からなくて、自分で調べた。ルーマニア語でいろいろ調べて、やっと分かってきて、興味が生まれた。それなら旦那さんお坊さんだから、私もこの宗教に入ろうかなと思った。それで、京都に行って、何日か居て、いろいろ見て、日本のこの文化、仏教の世界がとても好きになりました。

得度することに

　得度して、名前（法名）もらったら、私もこの宗教に入って、私の旦那さんとこれからの関係もっと良くなるんじゃないかなと思いました。彼のためでもあるし、自分のためでもある。自分もすごくこのお坊さんと一緒にいて、この話、こ

の寺を見る、寺の中、あの寺の匂い、すべて好きになったから、私も、得度することにしました。日本の文化、仏教の世界、お寺での生活、一所懸命、頑張って得度しました。

　得度とは、仏弟子（御釈迦様の弟子）になる儀式です。仏様（御釈迦様）といろいろな約束（「悪い行ないをしない、良い行ないをする」など）をします。

　また、名前（法名）は、御釈迦様の弟子になったとき、僧侶になったときに頂く名前で僧名とも言います。

得度までの道のり

　得度までは、1年くらいかかりました。旦那さんは、毎月一日、寺で火を焚く行（護摩供、護摩行か？）をしていました。私は、お経は、ひらがなを書いて覚えました。また、何回も何回も読経して唱えているうちに、耳で覚えてしまいました。お経は般若心経です。あのときは、人がたくさん集まって、みんなと一緒にお経読んでいました。でも、不思議なのは、一所懸命、お経を読むと、1回、2回、3回読むと、経文の文字を見るけど、次はもう経文だけ持ってて、見ること

もなく、もう自然に言葉が出てきました。あれは不思議な体験でした……。すごい不思議じゃないですか。全然勉強しないで自然に出て来る。そう。なんかびっくりするぐらい。

　朝は、灯明を変えたり、線香に火を点ける、水瓶の水を全部変えます。その後、合掌、礼拝して祈り（読経）もある。毎日同じことをします。

　所作の勉強もありました。寺の中での動き方とか、どうやって祈るか。知識では、仏様は、いろんな意味があるから、いろんなみんなの動き方が違うとか、みんなの祈り方違うとか、みんないろんな意味がある。これは一番偉いとか、ここはどういう座り方をするとか、それは全部勉強しました。基本的な仏教の知識、それと、その宗派の、真言宗の知識。これらすべてが修行でした。

　そして、1年間で得度しました。雑誌にも載りました。そして、得度して、お寺のこと手伝おうと思ったけれども、あんまりさせてもらえなかった……。私は手伝いと掃除とお茶なら大丈夫。あと、何も出来ないと、いつも言われました。

得度までの道のり

得度式に臨むコリー

寺で私はお茶を入れるだけ

　得度して旦那さんの寺の役員になりました。役員になってから、私も寺で何か仕事したいと言ったときに、旦那さんに、「あなたは寺で何をする。何も出来ない。あなたはお茶だけ。お客さん来るときにお茶を作るだけ」と、言われました。え！　お茶を作るだけ。「あと掃除。寺の掃除」。なんでそういうこと言うのか。私には、もっと出来ることがあるはずでしょ。あなたの奥さんだし、もっと私に教えるべき。私も出来るよ。いろんなこと出来る。得度もしたし、全部出来る！　でも、旦那さんは、私にさせなかった。どうして？
　怖かった……。私、寺に深くまで入るのはすごく怖かった。

KORY Moldova MY STORY　　Moldova Romania and Japan

そして離婚

モデル／タレント　コリー・モルドバは　何故？　日本で得度したのか

新婚の2年ぐらいは、優しかった

　結婚生活を振り返ると、最初の2年ぐらいは旦那さんは優しかった。旦那さんはお坊さんだから、朝早く出て、お通夜がなければ早めに帰って来るけど、お通夜があると遅い時間に帰って来ます。結構、お通夜たくさんあったから、帰宅は遅かったです。

　旦那さんは、私と結婚する前は、結構たくさんお酒飲んだけど、結婚したあと、私も私のお母さんもすっごいうるさかったから、お酒飲まなかった。うちにはお酒は置かなかった。彼は、私と結婚する前、自分の家にもうワインセラーとか焼酎、ウイスキーなんかあって、すごい飲む人だった。旦那さんは、私と結婚していたこの8年は、よっぽど我慢したと思う。家では全然飲まなかった。友だちとどっか飲みに行くとすごい飲んでいました。ものすごい酔っぱらって帰って来るけど、お家では、絶対お酒飲まない。飲むと、酔い潰れて寝てました。

そして離婚

　新婚の間、その２年ぐらいは、そう優しかった。普通の新婚生活していました。３年目ぐらいからなんかおかしくなってきた。

疲れてきて、傷付いた

　この２年間は、私は一所懸命。うん。私はもう結婚したから、この２年間は、私は一所懸命。私の文化は、家族だから。家族がすごく大事だから、一所懸命、家族を大事にしようかなと。多分、私、この２年間は傷付かなかっただけ。でも、疲れてきて、傷付いた。

　旦那さんは、ずっと前の家族との関係深かったし、あと、なんか、なんか、旦那さんが私のためにやろうとしても、多分、本人の気持ちは、私のためにやりたい、私のためなんかしたい。一所懸命私のためやりたいと思っていたと思う。けど、多分この２年もおかしかった。

　なんか、私のために、やりたいときに、前の家族が優先だった。例えば家を買ったりするとか、あそこからもう（私は）出されてる、で、家は娘のものになるとか。なんか、私になんか買おうとした。新しい寺を作るときに、なんかビルみたいなもの（ビル型の納骨堂か？）を私のために買おうとした。それも、止められた。

私をメイドとして扱った

　彼は、私をメイドさん、メイドとして扱った。私はメイドだった。それで彼に「私は何？　あなたのメイドだったの？」と言うと、すごい怒る。「何を言ってる。私（旦那さん）は、あなたのために一所懸命だった。あなたの家族のため一所懸命だった！」と。

　じゃあ何が一所懸命だったの。私に何をした。毎月奥さんとしてはお金もらっている。でも、生活費あるから、それは当たり前のことでしょ。旦那さんだから。

　例えば私の家族日本に来たり、ホテル取ったりとか、ちょっと面倒見たり、ご飯連れて行ったり、少しお金あげたり。これも当たり前の話。あなた何もオーバーなことしてなかった。私のために、例えば私になんかビジネス作るとか。

旦那さんとの生活に疑問が

　私は、旦那さんとのその生活にだんだん疑問を持つようになりました。家にいて、お掃除して……。だから、私待ってるだけでしょ。旦那さんは、夜遅く、帰って来る。

　私は、もっと自由になりたかった。自由というよりは、自分でなんか仕事をしたかった。自分もこの社会を知りたかった。家で掃除と旦那さんを待ってるだけにしたくなかった。年齢も30代後半になってきて、まだ自分の人生やれるんじゃないかって思った。自分の人生を考えた。やり直せると。まだ、若いから。そう。だから、今じゃないと何も出来ないと思って。ああ、もっと年取ったらもう出来ないから、今だったらやり直せると。

そして離婚

離婚を決意

　それで離婚を決意しました。旦那さんの気持ちは、私は今でもよく分からない。本当はあの人離婚したかったか、したくなかったか。

　私はもう自分でこの人と一緒にいても何もこれから見られない。旦那さんは、やっぱり自分の子どもと前の奥さんのために頑張ってるから、私はただの外国人メイドとして使われてるんじゃないかなってすごく感じました。ものすごく感じた。いつも。やっぱり絶対そうだった。間違いない。旦那さんは、私のためにしようと思ってなかった。で、彼の最後の言う言葉。「あなたは、私のことを信用してなかった。8年間で私のために何をやったんですか」と。私は、彼が何か私のために最初からやってたら信用出来る。でも、この8年間はずっと前の奥さんと一緒。ずっと前の奥さんと二人のためと、子どもたちのための未来を作ってた。私のためじゃない。

　私はただの……、

　何だったのかな。分からない。

モデル／タレント　コリー・モルドバは　何故？　日本で得度したのか

離婚したときも１円ももらっていません

　普通は、離婚すると、例えば、少し生活費を用意するのが当たり前。これからの生活費とか何もない。私は何もないです。私はお金ない。何もない。別にあなたからお金欲しいわけではない。これからこの子（別れた彼女＝私）は、旦那さんのいない外国人、日本で全然違う国で一人になるから、１年間、２年間生活出来るように少しでも、もう少し、最低な金額をわたすべきでしょう。

　この話をすると、少しでもこの子に財産をあげて、例えば違う人と結婚するまでとか、どっかで仕事出来るまでとか、自分の道を探すまでにちょっとサポートしてくれるのは当たり前。私は、８年間あなたの奥さんでした。でも、彼は、何にもしないから、ただ離婚届にサインして、それで公証人役場行きました。私、自分の国でも離婚手続きしないといけないから、自分の国にまで行くエアチケットの費用と弁護士に払うお金が必要です。このお金、私、今ないからもらっていいですか。それもダメだと言う。公証人役場の人が、その費用を負担しないと離婚出来ないよみたいな助言がありまし

た。彼女サインしてくれないよと彼にアドバイスしました。

 それで、20万円ぐらいか18万円ぐらいもらった。弁護士のためと……、私の国で離婚するための手続き費用。このお金だけしかもらってない。

離婚宣言から手続きまで

 離婚しようと言ってから、離婚の手続きが終わるまでは、3か月ほどでした。わりと早かった。3か月か4か月。もっとかかったと思う。離婚する前に。私、前にも言いましたが、ちょっと友だちのお店にアルバイト行ったんで、遅い時間帰ってきてた。遅い時間に帰って来ると、彼は、私が夜遅く帰って来ることが、すごい好きじゃないのです。これずっと続く。1週間毎日続きました。この人と離婚したいから。1週間毎日、お友だちのところ行って、手伝って、遅い時間に帰って来る。彼はすごい、なんか疲れてる感じして、ある日、自分の洋服全部まとめて、出来る限りまとめて車の中に入れて、寺に行っちゃった。寺に行って、家に3日ぐらい帰って来ない。彼は私に言った。「あなたは、私を迎えに来なかっ

た。もしあなたが、私を迎えに来てたら。家に戻って来た。私はあなたと離婚しなかった」。

　でも、私は行かなかった。そうしたら、向こう、彼から離婚しましょうと言ってきました。「あなたと離婚します」。そのとき、私はもうちょっと考えさせてとか、ダメとか言えない。離婚したいから。「はい、分かりました」。それで、離婚することになったんです。

8年間の結婚生活、二人で築いたもの

　結婚していた8年間で、二人でいろいろいろ築いてきた。この8年間で、私と結婚した間に、新しい寺も作った。で、この新しい寺を作ることは、すごく難しかった。この寺を作るまでに、ものすごい問題がありました。どうやって進めるのか。彼は、すごい落ち込んだ。この問題は2年ぐらい続いた。彼がこの問題で落ち込んでいるとき、私と私のお母さん、ずっと彼のそばにいた。ずっと彼に、「大丈夫、絶対出来る。絶対頑張って」と、最後までずっと励ました。

　どういう風にこの寺を作るの。私の意見も聞いて。いくつ

か私も意見出して、じゃあこれにしましょう。私は、精神的にも寺の経営についても、彼のことを助けてきました。

　でも、最後に離婚したときに、何か私は、この8年間は、全然いなかった人になっている。

離婚後のこと

　最後に私はお金ない。「私（彼）は、あなた（私）のために何も出来ない」。私は、「じゃあ、分かりました。そしたら私を今住んでいる部屋に置いて下さい。出さないで下さい」と言った。

　「私をこの部屋から出さないで下さい。私は行くところがありませんから」。

　それが（離婚の）ときの約束です。離婚してから3年間、あの部屋に、私は同じ部屋に住みました。その後、同じマンションの別のフロアに移りました。家賃は自分で払っていました。契約は前の旦那さんの名義でした。

　別れた旦那さんは、部屋の契約の名義を変えろと言う。私は不動産の契約のこと、自分の名義のことは、よく分からないのですが、なんでダメ。私が家賃払ってるいるのに。もう夜中、眠れない。すごい心配、不安でした。次は、私はどこに住むの。また引越しか。契約の名義だけだったら何も迷惑かからないでしょ。私は家賃払ってる。そうじゃないの。

私がモルドバに帰ることを望んだのか

　彼は、私が旦那さん（彼）と離婚したら、多分、日本で生活出来ないから自分の国（モルドバ）に帰る。それを望んでたのかもしれません。ここはよく分かりませんが。

　でも、私はまだ日本にいるし、生活出来るし、もう全然、彼の思った通りじゃない。

モデル／タレント　コリー・モルドバは　何故？　日本で得度したのか

コリーは、自立の道を模索する

KORY Moldova MY STORY   Moldova Romania and Japan

私は自立して いかなければ いけない

私は自立していかなければいけない

　いくつか問題はあったけども、離婚後、私は自立していかなければいけない。自分で生活していかなければいけない。離婚してから自立するために働かなきゃいけない。いろんな人に相談したりとか、自分で仕事を見つけたりとかしました。彼と離婚してたあとね……。どうすればいい？

　彼と離婚して、夜の仕事で働いたらいい訳はない。人形町の店は……。離婚する前と離婚直後は、6か月ほど人形町と銀座で仕事をしました。そのあと、友人の紹介で赤坂の会社で働くようになりました。

　結婚生活してる間は、モデルさんとかタレントさんの仕事は、たまにやってるっていうことで、それが大きな主たる収入ではなかった。全然、大したものじゃない。

　ドラマの「相棒」への出演や「モルドバのおばあちゃんにウォシュレット　プレゼント」というテレビ番組の企画や「アサヒビールのCM」も結婚中のことです。華やかなお仕事ですが、生活を大きく支える収入ではありませんでした。

私は自立していかなければいけない

モルドバの民族衣装でテレビのバラエティ番組に出演

モデル／タレント　コリー・モルドバは　何故？　日本で得度したのか

モデルの宣材写真

離婚後、会社を作る

　離婚後、私は独りで生きていかなければいけません。働いて、お金を稼がなければいけません。

　さまざまな人に相談し、いくつかのところで仕事を経験させていただきましたが、自分で会社を作りました。株式会社Ｋ＆Ｒというイベントの企画会社です。書類には多数の事業を載せていますが、主たる事業はイベントの企画です。

　これは以前、モデル仲間と活動していたダンサー・チームを事業としていくためのものです。

　イベントの企画会社は、まだまだ順調ではありませんが、私は自分でもやれると、自信のようなものが出てきました。

　私は言いたい。

　頑張れば、外国人でも女性でも自立することは出来る。家庭にいて、自分の収入が無かった私が、稼ぐ手段の無かった私が、多くの人の助けで、自立への道が見えてきたのです。

赤坂の会社の女性社長との出会い

　いくつかの仕事を経験しましたけれども、設立したイベントの企画会社、株式会社Ｋ＆Ｒの事業活動をしているうちに、友人の紹介で赤坂の会社にご縁を頂き、5年間仕事をしています。安定した大きな収入です。ここは、知人の紹介でお付き合いが始まりました。

　赤坂の会社の社長は、女性ですが、とても私に優しくて、私のことを最初からとても気に入って、いろんなことを助けてくれました。この社長のおかげで、私の人生は大きく変わりました。これは本当の話です。私の人生は大きく変わりました。いろんな人に紹介してくれて、私がこれから日本に残るために、いろいろやってくれた恩人です。

私は自立していかなければいけない

会社を設立して赤坂の会社の社長と出会った頃のコリー

モデル／タレント　コリー・モルドバは　何故？　日本で得度したのか

8年の結婚生活より、離婚後の5年の方が幸せ

　私は、8年間の結婚生活より、離婚のあとの5年間の生活の方が、いろんな人と出会ったし、とても良かった。私、今まで日本でこんないい生活を自分で出来るとは思わなかった。私は、離婚して、それからの多くの人との出会いで、初めて自分の力、自分の、なんていうのか、このコリーさん、初めて自分に自信を持ちました。自分のことを信じることになりました。結婚しているときには、私は、全然自分のことを信じられなかった。

　私、自分のこと、全然、何も出来ない人と思っていました。結婚しているとき、私の旦那さんは、私のことをまったく褒めなかった。例えば、「あなた（妻）も出来る。私（旦那さん）は、あなた（妻）のためやる」。普通はそうじゃないですか。「あなた（私）も、日本で絶対成功する。私（旦那さん）ちゃんとやる。助ける」。旦那さんは、そうじゃなくて、「あなた（私）は、お寺でお茶と掃除をする。それしか出来ない。家で私（旦那さん）に、料理作るしか出来ない」と、それが頭の中に入っちゃったから、全然自信持てなくて、何も出来なかった。

KORY Moldova MY STORY　　Moldova　Romania　and　Japan

生まれ変わった
ような人生

生まれ変わったような人生

　離婚してから、この赤坂の会社の女性社長に出会ったら、すっごい自分(私)のことをよく分かってくれました。私も、なんだかもう一回生まれ変わったみたいに、よく分かってきた。「え！　そんなに私出来るの」。で、今よく考えると、8年間の結婚生活と離婚後の5年間の生活のことを競べると、私は、離婚後の5年の間で、ものすごいたくさんのことが出来て、この結婚生活の8年は、すべて忘れたいぐらい、消したいぐらい。私の人生の中でこの8年の結婚生活は、何もなかった。無駄な8年でした。

　逆にこの5年で自分で日本で頑張ってることは、自分自身にとってすごく良かった。

モルドバ(ルーマニア)に帰るという選択肢

　離婚で私は傷付いたけれど、そのときにモルドバ(ルーマニア)に帰ろうとは思わなかった。もう出来なかった。まず一つは、日本に慣れたから。それと、モルドバに帰ると、お母さんの友だちがいて、うちのお母さんは「私の娘は、日本

で結構いい旦那さんいる。いい生活してる」と、いつも自慢してました。これで離婚して、モルドバに帰って、そして、お母さんと一緒に住むのは、とても恥ずかしかったし、あと、モルドバでは自分がゼロになる。友だちもいないし。だって長い時間、日本に居たから、モルドバに帰って、また最初から仕事や収入を確保する生活を始めるのは無理でした。

日本人の男性じゃないと合わない

あと、やっぱり、私は、日本人の男性じゃないと合わない。外国人の男性とは、付き合えない。合わない。全然合わない。私は、少女時代の家庭生活の中で、お父さんがいなかったから、女の子の心が一番多感な時期に必要なお父さんが、私のそばにいなかった。

私は、出会って付き合っている日本人の男性は、どっかで私のお父さんを感じてる。恋人かもしれないけど、でも多くは、お父さんの感じで守ってくれる。でもこれは日本人しか出来ない。外国人はそういうことは出来ない。

日本人男性を悪くは思いませんでした

　離婚で傷付きましたが、そのときに日本人を悪くは思いませんでした。なぜかというと、前に付き合った男性もいたし、その人は私が結婚した人とはまったく違う。この離婚の後、赤坂の会社を紹介されました。そこの女性社長に出会って、離婚してちょっとしか経っていなかった。本当にすごい短い間で、6か月しか経っていないのに、そこからいろんな人たちに出会ったから。だから、あんまり傷付かなかった。だから日本人の男性すべてが悪いとは思っていません。傷付いたのは、結婚した人とのことだけ。この心の傷は、まだ治っていない。

私は大丈夫、でも……

　今でも、すごく、この人に対して恨む気持ちがあるんだけど、「いや、いいんじゃない。私は大丈夫」。彼も、いつか分かるんじゃないですか。私に悪いことしたことは、多分分かる。でも、このなんというか、結婚はもうしない。結婚しないと自分で決めた、二度としない。もう信用出来ない。怖い。

あのメイドさんのような生活になるのは怖い。

料理への不満はトラウマに

　私は、家庭に入ってメイドさんになりたくない。ずっと頭の中に残っているのは料理のこと。例えばラーメンを作るときに、旦那さんが、「今、駐車場に着きました。はい、すぐラーメンを食べたい」。もう駐車場に着いたということは、5分か10分で着くから、ラーメンすぐ茹でて、食べるときに温かく出そうと思って出したら、多分、茹でる時間ちょっと多すぎた。ラーメンには、お湯も少しちょっと多すぎた。時間が押したから麺が柔らかくなった。そうしたら、ものすごい文句言われて、それはもうすごい、心の中に残ってるから、今でもラーメン食べるときにあのこと思い出す。

　また、なんか料理に塩が足りないとか、すごくはっきり言う。塩足りない。美味しくないと。普通は、奥さんが一所懸命、頑張って料理を作ったら、食べて、自分で足りない味をつけて……、ありがとうございます、ごちそうさまでしたと言うべきじゃないでしょうか。

でもそうじゃなかったから、それはもう私にとって、すごいトラウマになりました。心に傷として残ってる。だから今でも私あんまり料理作らない。多分、次の人のためにも料理は作らない。よっぽど愛して、例えば次の人をすごく愛してたら作るかもしれない。でもそうじゃないともう作らない。

その後のモルドバの父

　その後のモルドバのお父さんのことを話します。私と弟、お母さんが、ルーマニアに逃げて、暮らし始めました。私のお母さんは、もう再婚しなくて、ずっと子どもの面倒見てました。うちのお父さんは、すぐ新しい女の子を見つけました。私たち家族とは違う人とずっと一緒に住んでました。つい最近、この間まで籍は入れてないけど。この人がお父さんの面倒ずっと見てた。

　でも、この間までお父さんはまったく同じことをしてました。私のお母さんにしてたことと、まったく同じことの繰り返し。この人にも同じことをやった。お酒飲んで、暴力振るって、家にお金入れない。で、この人もお父さんから逃げました。まったく同じなんです。逃げて、今は、お父さんは独り

暮らしです。

　独りでたくさんお酒飲んで、問題ばっかり起こしてるから、私の弟が、面倒見ています。お父さんは、毎日お酒飲んでる。市場に行って、たくさんお酒飲んで感覚がなくなって、おしっこ漏らしたりとか……。だから、うちの弟にすごい恥ずかしいことしてる。

　あの町で。今はもうどうしようもない人になっちゃった。もう信じられないくらい。弟が一番可哀そうです。弟は、ちょっと立ち場のある人になっているから、みんな尊敬してるし、友だちもいっぱいいる。

　父は、2024年の7月3日に亡くなりました。享年73歳でした。前日までお酒を大量に飲んで、床で寝ていたりしたのですが、翌日、椅子に座ったまま絶命しました。

　死因は、脳梗塞でしたが遺体を解剖したところ、内臓は癌に冒されていてどうしようもない状態だったそうです。

私は今は日本で幸せです、母も弟も幸せ

　私も弟も、思春期にお父さんいなくて、お母さん独りで頑張った。私、弟のため頑張って、いい大学に行かして、母と弟、二人とも今は、ちゃんとしてる。弟も成功してる。私も日本で独りで生活出来ている。周りにいい人たちばかり。

　毎日ポジティブ。なんかすごく、私が幸せ。今は幸せ、日本で。

　弟はもう子どももいるし、奥さんもいるし、自分のビジネスも成功してる。だから二人とも頑張っていい子（大人）になったんじゃないかなと思う。

生まれ変わったような人生

私も母も、今は幸せです

モデル／タレント　コリー・モルドバは　何故？　日本で得度したのか

弟も今は、幸せな暮らしをしています

KORY Moldova MY STORY　Moldova　Romania　and　Japan

KORYは、何故？得度したのか

モデル／タレント　コリー・モルドバは　何故？　日本で得度したのか

「KORYは、何故？　得度したのか」

　この本のテーマにもなっている「KORYは、何故？　得度したのか」というと、先にも少し触れましたが、日本の精神世界に惹かれたことも一つです。

　日本に来てから、最初から日本の文化、寺のことに興味がありました。どうしてもこの日本の文化を知りたくて、どうやってお坊さんになるのか、どうやって寺に入るのか、どうしても知りたくて、その、ずっと頭の中それがあったから結婚した旦那さん（お坊さん）に出会ったのかもしれない。旦那さんに出会う前からそういう日本の精神世界、仏教文化には興味がありました。興味があって。うん、すごく寺のこととか、あの匂い、寺の匂い、和香の匂いがとても好き。そう、あれ。もう私一番、弱い。匂い、もう大好きで、もう寝たままでも、もう大好き。すごくこれ興味がありました。

KORYは、何故？ 得度したのか

火葬に驚きました

　それと、興味があったのが、日本では人が死んで、土の中入れるのではなく、燃やすこと。つまり、土葬ではなくて火葬することでした。

　一度、火葬に行ったことがあり、すごいびっくりしました。なんで人を焼くのかと……。モルドバでは、土葬（埋葬）です。土に埋めます。ですから、火葬という習慣に驚きました……。そういう日本の、異国の文化にとても興味があったから、その世界に入りたかった。その気持ちすごくあったから、もしかして、この気持ちずっとあったから、結婚する人がお坊さんだったのはびっくりしました。

日本の葬儀の習慣、火葬に驚く

127

モデル／タレント　コリー・モルドバは　何故？　日本で得度したのか

骨上げにもビックリ！

　それと、骨を箸とかで骨壺に入れる（骨上げ）、あれもすごいビックリしました。あのときは、私は、まだ箸の使い方あまり上手じゃなかったから。怖かった。骨を……、箸で。

　焼いた骨を骨壺の中に入れる骨上げという作業だけれども、それも、まあ不思議な習慣なのかもしれない……。

生まれ育ったモルドバやルーマニアは、土葬（埋葬）。
火葬や骨上げという習慣はない

KORYは、何故？　得度したのか

初めから得度を目指していた訳ではない

　日本の精神世界、日本の文化、お寺や仏教に興味はあったものの、始めから得度を目指していた訳ではありません。

　たまたま、その結婚した人がお坊さんだったから、そこで勉強する機会を得ました。

　お坊さんと結婚したけど、最初の頃は、私もお坊さんになろうとか、そういう得度しようとか思わなかった。だけど、やっぱり、結婚したのがお坊さんで、私の旦那さんだから、一所懸命、彼を手伝うためにそういうことを、私もそういう宗教を勉強しようかなとすごく思ったのです。旦那さんのため、まず、勉強しようと。でも、彼は、私がそういうことしても、私のことをそこまで、あまり大事にしなかった。

モデル／タレント　コリー・モルドバは　何故？　日本で得度したのか

得度して貴重な体験が出来た

　得度して、すごく良かったのは、すごい新しい経験が出来たこと。外国人でこんなことする人は、あんまりなかなかいないし。やっぱり私はこの旦那さんのおかげでそういうこと出来たから、とてもありがたいな。そういうところは彼にすごくありがたいと感謝しています。私、望んでたことは、ちゃんと叶えられた。彼のおかげで……。

得度式に臨むコリー

KORYは、何故？　得度したのか

得度して名前（法名）をもらいました

　得度して、私は名前（法名）も、もらいました。得度の名前は、「蘇真（そま）」です。これは、すごい強い名前です。

「蘇真」という法名を頂いた戒牒
＊画像はプライバシー保護のため、一部加工・修正しています

* 「soma＝ソーマ」（「蘇摩」）は、サンスクリット語（梵語）で、古代インドの神。インド神話の酒の神、または月の神。KORYの（「蘇真（そま）」）という得度名（法名）は、「soma＝ソーマ」（「蘇摩」）に由来するものと推定される。
* 「soma＝ソーマ」（「蘇摩」）は、古代インドの占星術、ナヴァグラハ（九曜）では、光と月の神。
* ナヴァグラハ（九曜）に由来する「九曜曼陀羅」は、「九曜紋」の形で平安時代には真言宗のご本尊として崇拝され、さらに交通安全の護符として牛車などに使用された。
* （上記＊注：いずれも編集部の調査、見解）

モデル／タレント　コリー・モルドバは　何故？　日本で得度したのか

得度式でのコリー
膝の上には、法名「蘇真（そま）」を記した戒牒が

KORY Moldova MY STORY　　Moldova　Romania　and　Japan

家族のこと

モデル／タレント　コリー・モルドバは　何故？　日本で得度したのか

苦労したお母さん

　お母さんは、お父さんのＤＶからルーマニアに逃げて生活し、そこで小学校の先生をしました。その小学校は、モルドバとルーマニアで、カリキュラムが違うから、お母さんは教えるのに苦労しました。生活も酷く苦しかったので、私は、なんとかお母さんを助けたいということで、日本で頑張ってお金稼いで、お金を送りました。

　私が日本に来て、お金を稼げて。お母さんは、生活が大分、楽になった。普通は65歳の定年退職まで働けるのですが、お母さんは、60歳で学校辞めました。私が日本に来て稼げて、お母さんにお金を送ることになってから、お母さん学校を辞めさせた。

　私が、結婚してからのことです。私が日本に来るようになってからも、やっぱりまだお母さんは、働いていました。私が、日本でモデルをして、働いて稼いだ収入をモルドバのお母さんに送って、それでお母さんは生活出来るようになりました。辞めさせたのは、私が結婚して、日本に定住するようになってからです。

日本からの仕送りで生活が楽に

　先生のお給料より、私の送ったお金の方が豊かな生活が出来た。もちろん彼女は、働くのが大好きだけど。いろんな友だち出来た。仲間の先生たちとも仲良くなった。一所懸命、頑張っているのは、分かったし、苦しいのもすごく分かったけど、お母さんは私たちに言わない。彼女も仕事したいから。でも、苦しかったのはすごく感じたから、辞めさせた。すごい難しかった。なかなか辞めないから、もう辞めてと言ったら辞めた。

仕事を辞めさせてよかった

　お母さんもそれで、大分、楽になりました。ルーマニアのガラツでの生活で友だちが出来たから、一日中、家にいるんじゃなくて、車の運転もしていろんなところに行く。市場やジムだとか、もう1日すごい忙しくしてるから、楽しい生活を送れています。退職した学校の前の先生たちと、今でもみんなと会ったりしてますし、多分、幸せだと思います。学校辞めて。

お母さんのために一所懸命、生きて行きたい

　私がしていることを、日本では「親孝行」と言うらしいですが……。だって、彼女も私たちのために一所懸命、頑張ったから。あのモルドバから逃げて、家も家具もお金も何もないとき、私も、まだ中学生から高校生くらいで力がない。弟も小さい。お母さん、自分のこと、たとえば男を作ると思わないで、もう一回再婚しようとか思わないで、子どもたち、私たち姉弟のために一所懸命、働いて、生きて……。それは私にとって今でもありがたい。すごい。自分の人生をなんていうか……、幸せを自分のためにしないで、子どもたちのために自分の人生を犠牲にして一所懸命やった。

　うちのお母さん、すごい綺麗な人だった。ルーマニアに逃げたとき、私の今の年齢と同じ年齢でした。いろんな男性が彼女と付き合いたいと思っていました。でも、彼女は全然相手しない。彼女は強かった。自信持っていたから、いろんなことが出来た。

　そう、だから私もお母さんのために一所懸命、生きて行きたい。

家族のこと

若い頃の母

お母さんも、日本が大好き

　お母さんは今まで日本に、多分10回ぐらい来たことがあります。お母さんも、日本が大好き。長いときには6か月くらい日本に滞在しました。1回で3か月のビザしかもらってないから、3か月のビザもらって、1回台湾に出て、もう1回入ったら6か月在留出来ます。

　1回出て戻ってきて、連続して6か月いると、いろいろ日本のものを見たり、生活したり、もう全部体験出来ました。言葉、日本語も少し喋っていたけど。買い物とかどうやって一人でしたのか。私が忙しいときは、彼女一人で温泉行ったりしていました。近くのジムの温泉とか、お風呂とか、電車乗ったり、もう全部体験していました。そのころ私が住んでいたところは、下にジムがありました。ジムには温泉（温浴施設）が併設されていて、そこによく通っていました。お母さん、幸せだったと思います。私が頑張って稼いで、親孝行することが出来ました。

　お母さんは、しばらく日本に来ていないです。コロナやロシアによるウクライナへの軍事侵攻などがあり、最後に来

のは、もう私が離婚する前のことです。10回も日本に来ていれば、日本の様子も分かるし、私が幸せに、元気でやってるらしいことが分かりますので。

　お母さんは、今、ルーマニアのガラツという町に住んでいます。お父さんからのＤＶ（家庭内暴力）で逃げた町にそのまま住んでいます。ずっと同じ場所です。私たちは、モルドバからルーマニアに逃げたとき、国から家を貸してもらいました。お母さんは、ずっとその家に住んでいます。あの家は、私が日本で頑張ってお金作って、少しずつ、少しずつお金払ってあの家を買いました。そしてお母さんの家になりました。もう今は、国の家じゃなくて、お母さんの家なのです。お母さんにとっても、そのルーマニアとの出会いは良かったのかもしれない。

　不思議なのは、うちのお母さんがルーマニアに逃げたときと、私が稼ぐために日本に来たとき、二人は同じ年。彼女も苦しかった。私も苦しかった。彼女も成功した。私も出来た。違う国ではなかなか成功出来ない。難しい。なかなか、そう……。でも、彼女、一所懸命だった。子どももいたから、私

たちは彼女の力だった。諦めなかった。

　うちはお父さんがいないのと同じだったから、私がお母さんと弟の面倒見ないといけなかった。だけど、彼らたち二人が私の力になった。だから、諦めなかった。

おばあちゃんの暮らし

　モルドバのクリシュツァ・プルートという小さな村に住んでいたおばあちゃんの暮らしを話します。おばあちゃんの家は、すごい広い家で、庭はとても大きかったです。私たちがルーマニアに逃げたとき、その、大分前におじいちゃんはいなかった。おじいちゃんが亡くなったのは、私が10歳くらいのときかな。だいぶ前でした。おばあちゃんは、おじいちゃんが亡くなったあと、98歳まで独りで暮らしていました。死ぬ直前まで強く生きて、2023年の3月31日に亡くなりました。

　おばあちゃんは、庭でいろんな野菜や果物を育ていました。ブドウがいっぱいありました。そのブドウで、自分でワイン作っていました。すごい。うちのおばあちゃんは、すごい。女性なのにすごく強い。あの村ですごい有名人だった。

家族のこと

強く逞しかったおばあちゃん

モデル／タレント　コリー・モルドバは　何故？　日本で得度したのか

釣りをして料理をした思い出

　ルーマニアとモルドバの国境を流れるプルート川という大きな川が近くにあるのですが、おばあちゃんは、自分でそこへ釣りに行ってました。彼女は朝から釣りに行って、ちゃんと魚釣って、持って帰ってきて料理作りました。私たちも彼女のところで3か月暮らしたときに、魚、結構、釣りました。

　モルドバには海がありません。川や湖で獲れた魚、日本で言うナマズやコイでした。ナマズの子どもを釣ってました。それをおばあちゃんが料理するのですが、すっごい美味しかった。

　ナマズは、洗って中身（内臓）を綺麗にして、塩をかけてトウモロコシの粉に巻き、フライパンにオイルを入れて焼きました。甘くて美味しい、味付けでした。

＊モルドバは内陸国で海に接していない。魚は輸入品以外は、淡水魚となる。コイは、灌漑池などを利用した養殖が盛ん。

＊ナマズは日本でも食用で提供されるが、モルドバでは白身魚として人気がある。

家族のこと

モルドバとルーマニアの国境を流れるプルート川。下流でドナウ川と合流し黒海に注ぐ
photo：Borislav Totev　https://www.google.com/maps/

モルドバやルーマニアには「サラムラ」という料理がある。ナマズやコイなどの川魚を岩塩に浸けておいてから薪のグリルで焼き、ニンニクの効いた野菜ソースで煮込む。岩塩に浸けておくことから塩水料理と呼ばれる
photo：Nicubun　https://en.wikipedia.org/wiki/Saramura

143

モデル／タレント　コリー・モルドバは　何故？　日本で得度したのか

おいしい果物がいっぱい

　果物は、一番多いのはナシ。モルドバのナシは、日本で売っているラフランスみたいな種類（洋梨）だけど、もっとちっちゃい。小さくて、甘い甘い甘い。柔らかくて甘い。

　アプリコットもいっぱいあったし、チェリーも採れました。ブドウは結構いっぱい採れます。白からロゼから黒からたくさん種類があって、それで、おばあちゃんは、自分でワインを作っていました。

＊モルドバで採れる主な果物は、リンゴ、ブドウ、チェリー、プラム、ベリー、洋梨、アプリコットなど。

モルドバの切手に描かれるブドウ

家族のこと

川を渡ればルーマニア

　二度目に避難したおばあちゃんの家から川を、橋を渡ればルーマニアでした。通常、国境には、入国審査、税関、検疫というのがありますが、モルドバとルーマニアは、入管でパスポートにスタンプだけ押して入国が出来ました。兵隊がいて、銃を持って、入国、通行を厳しく規制することもありません。

プルート川に架かるモルドバとルーマニアを結ぶ橋。ジュルジュレスティ検問所（税関）。
おばあちゃんが住んでいるクシュリツァ・プルートの村から約8km

145

モデル／タレント　コリー・モルドバは　何故？　日本で得度したのか

* モルドバは、ソ連の時代にはモルダビア共和国という国でソ連の一部だったが、その前には、モルドバはルーマニアという国の一地方でもあった。ソ連崩壊以降、モルダビア共和国はモルドバという独立した国になったが、元々、ルーマニアと仲がいいこともあったため、国境は、ほぼ自由に往来が出来た。

* 第二次世界大戦中の 1944 年から戦後の 1947 年頃、ソ連の食料飢饉に伴い、モルドバから農産物、食糧の収奪が行なわれた。これにより、モルドバは食糧危機に陥り、餓死者、栄養不良者が続出した。また疫病のチフスも流行した。餓死者および病死、関連死は 10 万人から 30 万人とも言われる。ウクライナでも同様のことがあり、このソ連による食糧収奪、大量の餓死を「ホロモドール」と呼び、「人工的な飢餓による大虐殺」としている。

* モルドバでも、ソ連による食糧収奪、大量の餓死を「ホロモドール」と言い、盗難や強盗が増えるなど治安も悪化した。子どもを育てられない農村のモルドバ人が子どもを町に置き去りにしてストリート・チュルドレンが続出した。その結果、プルート川を渡ってルーマニアに亡命しようとする人が出たが、ソ連（モルドバは、当時はソ連の支配地域であった）の国境警備隊により射殺、処刑された。犠牲者は、約 300 人とされる。

* ルーマニアは、2007 年に EU に加盟しており、モルドバは EU 加盟国ではないが、ETIAS という制度（欧州渡航情報認証制度）によって、EU 加盟国への自由往来が認められている。2010 年にはソ連時代に設置されたルーマニアとモルドバ国境間の有刺鉄線が取り除かれた。今は、モルドバとルーマニアは安全に自由に往来出来るようになっている。

ルーマニアの市場で買い物

モルドバ人は、みんなルーマニアで買い物をしていました。1日3便くらい、ルーマニアに買い物に行くバスも出ていました。私のおばあちゃんの村の人たちは、みんなバスに乗って買い物に行きました。

モルドバ人は、買い物だけではなく、家で採れた収穫物、野菜や果物をルーマニアのガラツの町に行って、売っていました。

おばあちゃんは市場で果物などを売りました

私のおばあちゃんですが、たくさん果物育てました。食べきれなくて腐っちゃうから売りに行きます。うちのおばあちゃんは、鶏や卵、野菜、果物、ジャガイモなどをたくさん育てて、全部、ルーマニアに売りに行きます。

この頃は、ルーマニアには、モルドバ人の市場がありました。ルーマニアにモルドバ人の市場があったのです。ルーマニア人は、モルドバ人から買うのは、安く買えるし、果物などがとっても美味しいという評判があったので、人気がありました。

うちのおばあちゃんは、朝、市場に行って、2時間、3時間で、もう全部売れちゃったので、一度、モルドバに戻ります。夜はもう1回、売りに行きます。それを繰り返していました。結構、稼げていました。

　日本は島国なので陸で国境が続いているということがなく、全部海に囲まれているから、陸続きでよその国に入ってという感覚が分かりにくいかと思います。

　残念ながら、おばあちゃんは、高齢でしたから日本に来たことはありませんでした。

＊モルドバの農産物は、サトウダイコン、タマネギ、トマト、キャベツ類、カボチャ、キュウリ、グリーンピース、小麦、ヒマワリ、大豆、菜種、クルミなど。

＊果物は、リンゴ、ブドウ、チェリー、プラム、ベリー、洋梨、アプリコットなど。リンゴは長らく東ヨーロッパの市場で人気の農産物だったが、ロシアによる経済圧力で禁輸措置がとられている。

＊幹線道路沿いには、クルミの木が何キロにも渡って植樹されている。

＊モルドバ農業は、多くが露地栽培で、卸売りの仕組みがほとんどないので、生産者の直売が主となる。あとは路上販売も多い。日本で言うと、ナシ、モモ、イチゴ、マツタケ、キノコなどを道路沿いで販売している風景がそれに近い。

＊ルーマニアの市場を借りるには、出店料が一日約340円～1,020円（2024年換算レート）ほどで、約0.8㎡～1.3㎡のスペースが使える。月貸、冷蔵室の貸出、重量計の貸出などもある。（取材協力：ルーマニア政府観光局）

家族のこと

ガラツ中央農産物市場の様子。野菜や果物が豊富に並ぶ
photo：Adrian Zagar　https://www.google.com/maps

弟はおとなしい性格で真面目

　弟、ネルの話です。肝炎から治って、そして、当時、私が日本で付き合っていた男性が支援をしてくれて大学に行きました。大学では、法律の勉強をして弁護士になりました。弟は、すごいおとなしい。おとなしいし、真面目。

　弟も小さい頃に、父親の暴力、そこからの避難ということで、そういう家庭環境で育って、ちょっと傷付いたこともあります。だから、弟は、今、自分の子どもに、絶対そういう思いをさせないように、一所懸命、息子のためにいい教育するため、お父さんがお酒飲んでるところとか、なんか悪いことをしてるとか、お母さんと喧嘩してるとか、絶対そういうところは子どもに見せないし、しない。

弟の子どもは愛情いっぱいの家庭で

　弟の子ども、ケビンちゃんは、今、すごく愛情がたくさんある家族に育っています。だから多分この子は、ずーっと未来で幸せになる。成功出来るんじゃないかなと。すごいお父さんとお母さんの力がいっぱい、愛情がいっぱいあるから、

そう思います……。

　ケビンは、日本には3回来ています。一番最初に日本に来たのは1歳半のとき。弟の奥さんミハエラさん、ママとパパとで来日。ケビンは、まだ1歳半。9月が誕生日で、来日したのは、5月だから、1歳7か月くらいだった。1歳7か月で日本に来て、ちょうど、あのときは、ロシアのウクライナ侵攻の影響で、モルドバにウクライナからの難民が50万人以上も多く避難していた頃です。日本への難民としての入国は、長らく在住していたルーマニアではなくてモルドバのパスポートでした。日本は、モルドバ人をウクライナ侵攻の難民として認めたのです。

来日直後にケビンが重症に

　ケビンの初めての来日は、私の家に住みました。ケビンはモルドバでは、やっぱりまだコロナのワクチン打っていませんでした。日本に来たときに、大気の影響か何か分からないけれど、アレルギーになりました。すごい熱が出て、40度。救急車呼んで、芝浦の愛育病院に入院しました。

入院は2週間。彼のお母さん（弟の嫁）ミハエラさんと一緒に入院しました。多分、ケビンを日本でいろんなところに連れて行って、寿司屋にも行きました。まだ1歳7か月の子どもは、たくさんお寿司食べるし、ワカメスープも飲む。慣れない食べ物をたくさん食べさせたり、あちこち連れて行きました。それが、あまり良くなかったのかもしれない。それで、最初の病気出てきた。入院したとき、40度熱が出ました。
　ケビンは幼かったので、まだ、アレルギーのワクチンは打っていませんでした。相当アレルギーが出ました。いろんなところに連れて行ったりしましたので、疲れたことや、新しい生活環境、自然環境が合わなかったみたいで、すごい病気になりました。

まさか治療費が無料とは
　弟もケビンも日本の健康保険がありませんから、入院代とか検査費、治療費、全部、私が払うしかありませんから。最後にすごい高い金額の請求書が来ると思っていましたが、請求金額すべてゼロ、ただでした。びっくりです。これは、モ

ルドバ人がウクライナ侵攻の難民と認定されたからです。

再びアレルギーで1か月入院

　そして、1か月経って、ケビンは再び病気になりました。次の病気は、体、全体的なアレルギー。真っ赤になって体、全部腫れた。で、病院行ったら、お医者さんもびっくりでした。これ何？　ほんとすごかった。もう、もう、人間じゃないみたい。全部、もうアレルギーで腫れている。で、このときの入院は、確か1か月でした。もう、すごい病気だった。毎日、検査や治療をしました。2週間ずっとあらゆる検査や治療をしました。

　2回目の入院では、日本はいろんな花粉とかアレルギーの原因がいっぱい飛んでいるから、と先生が言いました。モルドバは日本と自然環境が違って、スギはあまりありません。日本は、花粉とか黄砂とか、いろんなものがあるから、そういうので反応しちゃったのかもしれません。

＊モルドバの樹木は、ポプラ、ナラ、マロニエ、カエデ、シラカバ、モミなどが多く、ヒノキはあるがスギは見当たらない。

２回目の治療も無料でした

　このとき、また全部、ただ。治療は、何もお金かからなかった。ウクライナ侵攻であのときちょうど、大量のウクライナ人がモルドバに流入して、モルドバはウクライナの人たちを迎え入れたのですが、モルドバの国も国民も難民受け入れで、経済的に困窮しました。それで、私たちの家族はモルドバから来ていますから、難民扱いになって保護されたのだと思います。戦争のことで日本の多くの人から同情をいただいて、かわいそうと思って支援を受けられたのだと思います。私もいろんな病院で、いろんな手続き、サインをしました。病院からは、費用の自己負担がかかるかどうか、お金かかるかどうかは、まだ約束出来ないんですけど、やってみましょうと言ってくれました。それでポストに手紙が来て、何もお金かかりませんよと通知が来ました。

日本の支援には本当に感謝しています

2回目もお金かからなかった。そのあとも、ずっとそのお医者さんのところに診察に行ったら、お金もかからず、ずっと、ただでした。びっくりしました。薬から検査代、治療費、入院費、全部、ただ。すごいことでした。

いや、ほんと、病院の対応はすごかったです。お金を取りませんでした。最終的には日本の国の法律、判断ですが本当に感謝しています。

モデル／タレント　コリー・モルドバは　何故？　日本で得度したのか

日本の支援には感謝しています

KORY Moldova MY STORY　　Moldova　Romania　and　Japan

得度の修行

1年間得度の修行

　得度の話をもう一度します。得度のきっかけは結婚した男性がお坊さんで、その人のお寺を少しサポートしたい、助けたいという気持ちで、自分も得度したらいいんじゃないかと考えました。

　得度の修行は、約1年でした。京都にある真言宗のお寺で修行しました。京都に住むことはなく、1年間、京都に通いました。ほぼ、毎週で、一度に2日間です

　結婚した旦那さんが、お坊さんで、その京都の寺の役員でした。だから、勉強したのはほとんど旦那さんから。家でもいろんな勉強をしました。このお坊さんの世界と、このお寺の世界とを学びました。所作や作法も教わりました。旦那さんが全部教えてくれました。祈るときの方法とか、全部教えてくれました。

　ですから、京都に行くときは旦那さんと一緒でした。それと私の旦那さんの尊師に当たるお坊さんも、一所懸命、私にいろいろ教えてくれました。結婚した旦那さんが、仏教のこととか、お作法のことを全部教えてくれました。

ご飯の食べ方、座り方

　修行には、洋服（袈裟、法衣）の着方、ご飯の食べ方もありました。食事をするときに音を出さないようにとか、座り方や、あと、お茶の飲み方、お皿の片付け方まで学びました。お茶の煎れ方、飲み方は、多分、私、外国人だから、寺で働くから、もしかして、お客さん来たら、私、お客さんにお茶を出すでしょう。それで教えてくれたんじゃないのかなと思います。ここは、よく分からない。

　すごい厳しく教えてくれました。あの寺で働くならそれを知らないとダメですと。教育はすごい厳しかった。びっくりするぐらい。なんか、これは私の親戚（家族）じゃないみたいな。なんでこんなうるさいのと、心の中では思っていました。

正座は辛かった

　一番辛かった修行は、正座でした。座ってずっともう１時間以上、そのままの姿勢です。あれは、すごい辛い。もうほんとに泣きたいぐらい辛い。でも我慢しました。それまでは、正座という習慣はありませんでしたので、初めてでしたから、それで私は、膝が悪くなって膝の手術をしました。

最後に説法や質問、そして得度式

　１年間修行して、最後にいろいろ質問があります。今まで１年間で勉強したこととか、やり方（所作、作法）を見るとか、今日これ読んでくださいとか、今日、この祈りは、この間勉強した祈りをやって、自分でやってくださいとか、そして、間違えたところをやり直す。出来るようになるまで教えてくれる。難しかったです。出来たら、得度式になります。得度を受けたときには、うちのお母さんも来ました。もう、すごい幸せでした。

大好きな寺の匂い

　8年間、お坊さんと一緒に住んで、いろいろ勉強して、寺の生活をしていました。毎日、寺の匂いがしていました。普通の女性はだいたい香水の匂いするのに、でも、私は、香を焚いていました。私は、寺の線香の匂いが大好きだから、もう車の中、どこでもこの匂いしていました。私は、今でも寺に入ることが大好きです。

8年間の結婚生活、幸福な時間も

　この8年間のこの旦那さんとの生活は幸せなときもありました。幸せだったのは、京都に連れて行ってもらえること。私、京都大好きでしたから、本山の尊師のところに行くときは、幸せでした。

自分の国の宗教は？　と聞かれます

　でも、なんか、みんなに自分の国の宗教どうしたんですか？と、聞かれました。でも、私はそういうのは、得度したから、日本で得度、名前（法名）もらっても、本来の自分の宗教（＊キリスト教の正教）を失うことはしなかった。両方とも持っていました。だって、今でも私、教会（キリスト教）に行きますし、神様に祈ります。今でも私、寺に行きますし、仏陀に祈る。だから、別に宗教が３つ４つ、10個あっても全然問題ありません。世界中の人が自分の宗教は１個しかないと思っているだけ。

　「自分の宗教はどうなってるの？」と聞かれたらなんと答えればいいのか、すごい困った。いつも聞かれる。そういうときには、私は次のように答えます。「自分の宗教もある。残ってるよ。日本の得度もしてるし、自分の宗教も残ってる」。すると、友人は、みんな、「え？　そんな出来るの？　大丈夫なの？　出来る？」なんて驚きます。

　だから２つとも仲良くしてる。神様も寺も２つとも仲良くしてる。別に「神様（キリスト教）やめてください」とは

得度の修行

誰も言わないし、これは自由。自分で決めること。そう言う法律は、どこもない。

＊モルドバ（ルーマニア）は、主にキリスト教（正教）が多い。東ヨーロッパを中心とした東方教会（正教）の流れを汲むモルドバ正教とルーマニア正教が共存する。

＊モルドバでは、東方教会（正教）のクリスマスである１月初旬と、西方教会（旧教など）のクリスマスである12月25日、両方が国の祝日となる。東方教会（正教）は、西方教会［ローマ・カトリック（旧教）など］の支配を嫌い、グレゴリオ暦（新暦）ではなく、ユリウス暦（旧暦）もしくは修正ユリウス暦を採用することが多いため。

＊ルーマニアは、主にキリスト教（ルーマニア正教）が多い。クリスマスは12月25日、26日が国の祝日となる。東方教会（正教）のクリスマス（１月初旬）は、祝日とはなっていない。その代わり、キリスト教（ルーマニア正教）の復活祭（イースター）、聖霊降臨祭（ペンテコステ）が国の祝日としてある。

ルーマニア「モルダヴィア地方の教会群」としてユネスコの世界遺産に登録されているルーマニア正教「モルドヴィツァ修道院」のイコン（聖像画）

得度してよかったこと

　得度して良かったと思うことは、今でも自慢出来るから。すごい自慢出来る。外国人で得度して、名前もらいました。で、結構すごい名前もらいました。すごい強い意味、で、私、名前のこと考えるだけでやる気が出て来る。だって、私に名前付けた人は、ちゃんと私のことを１年間見て名前を付けました。だからやっぱり、私、自分のこと知らないけど、私は周りの人たちが私を見ると、コリーちゃんどういう人なのと思ってる。それは、すごい感じるじゃないですか。やる気があるとか、頑張れるとか。それで名前を付けてくれた。だから、名前の字を思い出すだけでもうすごい嬉しい。私は、「蘇真」（そま）ですよ。「蘇真」（そま）は、私。もう本当に頑張らないといけない。

　私が得度を受けたのは、京都の真言宗総本山　御寺　泉涌寺というお寺です。泉涌寺は鎌倉時代から江戸時代まで天皇・皇后のご葬儀が営まれてきた由緒、格式あるお寺です。私はこの泉涌寺から僧侶であることを証明する「僧侶資格証明書」を授かっています。大変に名誉なことです。

自慢出来るし頑張れる

　すごい名前もらったから、それはすごく自慢出来るし、あと日本人にそういうこと、前の旦那さんにも、感謝してます。そのことが出来たのは、彼のおかげ。彼いなかったら多分出来なかった。得度出来たことには感謝しています。今は、彼がいなくても、独りで、この名前だけで、この得度したというだけで、すごく、すごく幸せ、すごいいろんなこと出来る。
　出来たからね、私は、頑張った。

感謝もありますが……

　前の旦那さんには、感謝もありますけれど、なんで離婚したのかと言うと、自分と結婚しているのに元の奥さんと仲が良くて、もちろん子どもがいたってこともあるけれども、そちらとの付き合いがあったのは疑問がありました。それから自分の行動についても、旦那さんの元の奥さんからの指図っていうのか、了解みたいなのがあった。私は、そこにとても疑問を持っていました。

モデル／タレント　コリー・モルドバは　何故？　日本で得度したのか

ルーマニア正教会の「生神女就寝大聖堂」（クルージュ＝ナポカ）聖堂

KORY Moldova MY STORY　　Moldova Romania and Japan

私はもっと自由になりたい

私はもっと自由になりたい

　私はもっと自由になりたいし、この結婚がずっと続いたら、一生続いたら、二人の結婚ではなくなってしまう。三人の結婚になる。これは、ちょっと、なんていうか毎日、不安を持ったままの生活でした。これ以上続くと、私もうつ病になると思いました。旦那さんが、今までやってくれた、私のためやってくれたことに対しては、「ありがとう」という感謝の気持ちがあります。でも、これからの人生は、自分で頑張るとすごく強く思いました。その結果、もう離婚しようと決めました。

　普通、みんな夫婦は離婚するとみんな「仲良く離婚しました」と言うかもしれませんが、絶対にそれはない。

　離婚するまで二人は、ずっと一緒に住んでいた。普通、離婚するときに、絶対どっかで嫌なことある。二人とも。私たち離婚のときも、ちょっと嫌なことあって、いろいろ、言葉、悪口言ったりしたけど、1年か2年経ったらまた一緒に食事しています。離婚の後も、あの人とは友だちのままで続いています。

私はもっと自由になりたい

モデル／タレント　コリー・モルドバは　何故？　日本で得度したのか

KORY Moldova MY STORY　　Moldova　Romania　and　Japan

日本で好きなこと
驚いたこと！

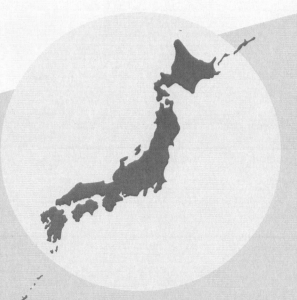

日本で好きなこと

　日本の地方では、京都が大好きです。日本の古い文化が残る町。歴史を感じます。それと北海道です。北海道に行くとモルドバに来たみたいな感じがします。自然環境や風景がモルドバとまったく変わらない。牧場がある自然、北海道にある樹木はモルドバにもあります。

　日本では東京ではスギが多くて。花粉がすごい。北海道ではスギがない、だから北海道にも花粉がない。

　東京で好きな場所は、いつも銀座に行くから銀座です。東京駅も大好き。丸の内ですね。

＊北海道にある木＝ポプラ、マロニエ、シラカバなどと推定される。
＊北海道では、道南地域にスギがある。

日本各地を旅行

　旅行が好きで、今までに行った主な地方では、九州、福岡、沖縄、北海道、京都、大阪、名古屋など。もちろん、箱根、伊豆、日光も行きました。

温泉は、お母さんが日本に来たときに、二人でよく行きました。熱海、箱根、湯河原、あと、温泉から富士山が見えるところ（河口湖か？）。お母さん、とても喜んでいました。温泉大好きですから。
　モルドバには温泉がありません。火山がありませんから。丘はあります。ですから温泉がないのです。ルーマニアには、温泉がありますが水着で入ります。

＊モルドバはほとんどが平地、高原で、海抜100ｍから400ｍ。最高地点で、バラネシュティの丘428.9ｍ。
＊ルーマニア最高峰は、モルドベアヌ山、標高2,544ｍ。

温泉は、みんな裸で入るの？　びっくり！

　日本の温泉は、みんなと裸で入るので、最初はすごいびっくりしました。何これ！　そう、うちのお母さんもびっくりした。なんで、裸で……。私たちの国は、温泉に行くと水着。あ、私たちの国（モルドバ）じゃないルーマニア！　ルーマニアとかヨーロッパの温泉どこでも入るときは、水着を着て入ります。日本ではみんな裸。だから、見ていいのか見なくていいのか分からない。どうすればいい！！

モデル／タレント　コリー・モルドバは　何故？　日本で得度したのか

弟はタトゥで温浴施設退場に

　あとびっくりしたのは、日本の温泉はタトゥあると入れない。それは海外にはない習慣、決まりです。海外の人たちは、みんなタトゥはたくさんするから、そういう法律出てきたら誰も温泉に行けなくなる。私は弟が日本に来て一番最初、新浦安の温浴施設、スーパー銭湯に連れて行きました。平日だったから、施設はすごい暇でした。人がいなかった。うちの弟は結構タトゥが多くて、着替えてお風呂に入りました。まだ、私たちがタトゥ禁止を知らないときでした。このとき、私は弟と奥さんをタクシーに乗せて連れて行きました。そうしましたら、うちの弟が、もう温泉入りますよと言ってから、15分ぐらいで弟から電話が来てる。どうしたの？　と聞くと、「なんか、私はお風呂入ったときに人が来て出されちゃった、よくわかんないタトゥのこと言ってる」。

　スタッフと話したら、「すいません、タトゥがあるからダメなんですよ」。「じゃあ、なんか、あの、バンドエードとかなんかで隠すか出来ないですか」。「いや、出来ないで

す。もう出てください」。

　本当に、外に出されてしまいました。お風呂からも、施設からも外へ出されました。すごい厳しいなと思いました。

＊新浦安の温浴施設は、その語、タトゥーシール２枚以内で隠れるのなら入浴
　ＯＫになっていると思われる。（編集部）

日本の食べ物は、なんでも好き

　日本の食べ物は、なんでも好きです。嫌いなのはない。今までは嫌いなものありましたけど、食べないとかあっても、今は食べるようになったから、もう何も嫌いなものない。全部食べちゃう。日本人より日本人と言われる。

　一番好きなのはしゃぶしゃぶです。お湯でゆるゆる、茹でる野菜やお肉とか全部食べちゃう。ヘルシーだし、日本の料理はすごくヘルシー。太らないから。太らないというか、体にすごくいいから食べちゃう。お寿司も大好き。もう日本食大好き。

モデル／タレント　コリー・モルドバは　何故？　日本で得度したのか

日本に来てびっくり！　したこと

　日本に来た頃は、結構びっくりしたこと多いけど、大分前のことで、なかなか思い出せませんが、ああ、びっくりしたのは、やっぱりラーメンですね。ラーメンを食べる人、すごい音出しますでしょ。あれは、びっくりした。私。そう、日本人が、麺を啜るのは知らなかったから。その文化知りませんでしたから、す〜ごい、汚いと思いました。

ラーメンを啜る音

　いや、すごかった。あれはびっくり。なんかね、ラーメン屋さん、夏とかは、外にあるラーメン屋さん、ドア開けたまま、たくさん人がカウンターで立って食べるラーメン屋さん。
　で、そこの店の外を通るだけで、啜る音が聞こえる。あれは、私、一番最初の経験で驚きました。信じられないぐらい。もしかしてこれ、音楽流れてるんじゃないかな？　と思ったくらい。これ本当。戻ってみたら、え？　なんの食べ方。立って、食べてるし、すごい早いし……、えー。で、よく（汁が）飛ばない。そこまで上手だって。それはすごいびっくりした。

ゴミ箱がない！

　あとびっくりしたのは、ゴミ箱がない。日本では街中にゴミ箱がなくて、自分のゴミがあってもちょっとカバンとかの中に入れて持ち歩く。ほかの国では余りない。日本、ゴミ箱ないのが一番困ります。聞いたところでは、以前テロ事件があって、それがきっかけで日本ではゴミ箱が少なくなったとか。

　モルドバではゴミ箱もあるんだけど、大体みんな道でゴミを捨てる。車の窓から捨ててるし。そういう習慣、誰も気にしない。なんかゴミに対しては日本みたいに向こうは綺麗じゃない。それすごい大きな違い。

犬のトリミング！！

　あとびっくりしたのは、やっぱり犬のカット。犬のトリミングあるでしょ。これは日本しかない。すごいびっくりした。だって私も今、自分のワンちゃんでトリミング・サロン使ってる。でも最初は、何これ？　大丈夫かしら、ここの国は！

トイレもびっくり！！！

　トイレもびっくりました。水や温水で洗浄。あれも私の国にはない。今は私の国にも出てきてるんですけど、以前はなかった。私は、日本来た頃、洗浄の使い方も分からなかった。

　トイレのフタにもびっくりです。自動で開閉する。銀座のお店で、お手洗い行って、ズボンを脱いで……。ズボンを脱いだときには、フタは開いたままだけど、多分私ちょっと便座から離れた（腰を上げた）。それが分からなくて、フタが閉まってきて、フタの上に座っちゃった。なんか（お尻が）冷たいなあって（笑）。

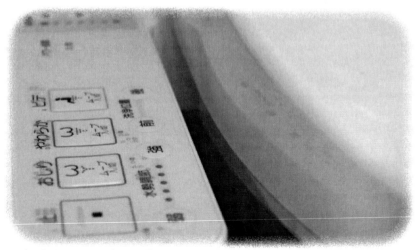

日本のトイレは！　いったい、どうしたらいいんだ！！

KORY Moldova MY STORY　　Moldova Romania and Japan

拭いきれない
心の傷

拭いきれない心の傷……

　モルドバでは、苦しかった。お父さんとのこととか、お父さんのＤＶとか、ルーマニアの学校に行っていじめられたり、馬鹿にされたりしたこと。そこを振り返ると、今、私、思うのは、今でもどこかで私の心の中にこのことは全部、傷として残っています。

　学校で友達が私のことを笑ったりしたこととか、今でもすごく心に残っています。たまになんか大きいことしたいときに、それは残っています。もしかして、誰かが私のことを笑う。それ、まだこれほんとに消えない。すごく、心に傷として残っていますから、すごく良くない。

心のケアもしたけれど

　もちろん、そういうケアをするお医者さん（心療内科）のところ行ったりとか、いろんな薬飲んだりとか、もうそれ全部子どもの頃のトラウマをなくすためにやりましたけど、なかなか難しい。これは治らない、何の薬飲んでも、どこの病院に行っても。

　そういうお医者さんがいました。もう、本当にすごいたくさんお金払って、そういうお医者さんと、話、いろいろした。子どもの頃を思い出して、なんとか全部忘れましょう。だけど、全然、効かない。私は忘れていない。ずっとやっぱり心に傷として残っている。

それを乗り越えて楽になった

　でも、もちろんそれを乗り越えたから、今の私、コリーちゃん、日本にいる。すごい国にいる。みんな私が日本にいることを望んでいる。私、ちゃんと日本であのパーマネントカード（在留カードの永住資格）まであるし、ずっと日本で住めているし、ずっと日本人みたいに税金払っている。全部、日本人と同じことやっているのは、すごいと思う。

　前のこと、昔のこと、何があっても乗り超えた感じ。今は、すごく幸せ。気持ちが楽。だから、苦しかったけど楽になった。これから何あるか分かんないけど、今のところはすごくほっとしている。やっと終わったみたいな感じです。

KORY　Moldova　MY STORY　　Moldova　Romania　and　Japan

自分の人生を
振り返ると

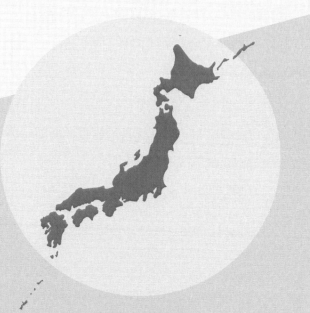

日本人男性との結婚も勉強になった

　日本人男性との結婚の経験もあったのは、すごく、なんというか、ありがたいというのは変な言葉だけど、この、日本人との結婚の経験があったから、私はすごく勉強になった。

　結婚した旦那さんは、私の国の人じゃないから。アジアとヨーロッパ、まったく違う。考えから文化から、すべてがまったく違いますから。

　この人と私は8年も生活しました。同じ部屋で8年もまったく違う文化の人と生活したのは、いろいろ勉強になりました。いろいろと苦しかったけど。もうほんとうに、私の考えは間に合わないくらい違っていた。毎日、この人のことをよく知りたいと思いましたが、だけど分からない。

　どうすればいいの？　やっぱり私は思う。今はよく考えると文化が違った。考え方が違った。私たちの国では、すぐ全部捨てて（我慢しないで）、物事をはっきり言います。全部言う。日本人は、言わないで溜める。全部溜まって、喧嘩するときにボンと爆発して、1年前のことまで全部言い出す。え！　なんであのとき言わなかったの。

だから、この8年間の結婚はとても勉強になった。日本とモルドバ、約1万2,000km離れている人と結婚して、こんな小さい島で暮らして、たくさん勉強になった。
　でも、もう結婚したくない。

日本人を嫌いになる気持ちはなかった
　日本人の男性と結婚して、楽しいこともあったけど、嫌なこともあった。でも、そこで日本人を嫌いになるっていう気持ちはありませんでした。
　日本人を嫌いになる気持ちは、多分、離婚のとき、一番苦しいときは、もう二度と日本人と付き合わないと思ったのですけど、よく考えたら、だって あの人とみんなは一緒じゃないし、別の人格を持っている。

日本人の男性は、すごい優しい

　私、日本人の男性は、すごい優しいと思っています。日本人は、すごい優しいから。元々、私にお父さんがいなかったから、日本人は私のお父さんみたいな、なんか私のお父さんかどうか知らないけど、お父さんみたいな優しさを持っている日本人は安心出来る。だから、別に私の結婚は良くなかったから、あの人が良くなかったからと言って、日本人の男性がみんな同じじゃあないと思っています。だから今でも私は、お父さんみたいな男性と付き合う。絶対。だから、日本人男性が嫌いではないです。 日本人大好き。ずっと死ぬまで日本人と付き合う。

日本という国も嫌いになることはなかった

　日本っていう国を嫌いにはなることもありませんでした。日本は大好き。なんでかと言うと、日本は、この国は、私を育ててくれた。私、今のコリーちゃん、強いコリーちゃんになったのは、日本というこの国のおかげです。

自分の人生を振り返ると

ヨーロッパでは出来なかった

　独りで来たから、独りで頑張ったから強くなった。この国、日本でなかったら、たとえばヨーロッパとかイタリアとか、どこか違う国に行っていたら、多分そんなに強くならなかった。日本は、ヨーロッパとはまったく違う国。まったく全部、言葉からすべて違いますから。向こうの人たちは、普通に私と生活、文化が一緒だから。たとえばイタリア行きます。イタリアで働くと、私の国と、まったく同じ顔ですし、同じ考えだから一緒で戸惑うことは何もない。私の国と、考え方や習慣が何も変わらない。日本は、全部違うから……。それは、私の体にすごい自信が出来て、私も目が覚めました。

　日本人の文化とか、日本人のやり方とか、日本人の生活とか全部勉強になって、嫌いじゃない。逆に大好き。私、日本人のやり方や生き方、頑張り方、全部大好き。私、向こう（ヨーロッパ）の人たちと合わない。日本人にすごく合う。

　だから嫌いじゃない。日本、大好きです。

自分の人生の半分振り返ると

　自分の人生の半分振り返って、今はどんな気持ちかというと、今は幸せです。今は自由。幸せ。なんと言うか、自分の家族の望み、すべて出来た。望んでいたことは、すべて自分の家族のためで、それが出来たから。ちゃんと日本に来た理由を叶えました。やっと、全部、叶えた、やっと、うちの家族も落ち着いてます。

　自分の弟も家族もみんな元気でいますし、弟も自分で頑張っています。お母さんも自分で生活出来ている。私は、ワンちゃんたちがいて、自分で仕事して生活出来る。もうすべて手続きから、在留カード、永住資格を持っているけど、全部、日本人と同じになったから。もう、やっと落ち着いたみたいな感じ。

これからは、自分のために生きていきたい

　これからは、自分のことを考えて、何かしようかなと思っています。たとえば、自分のために何か小さい会社を作ったりとか、自分の小さい喫茶店を持つとか。自分のために何かやろうか。家族のためにしなくてはいけなかったことは、やっと全部終わったから、今……。

　私は、もうみんなのためにやった。しなくちゃいけないことは、もう終わった。私の役目は。もうやりました。もう若くはないんだけど、これからは、もうやっと自分のためやろうと思っています。

モデル／タレント　コリー・モルドバは　何故？　日本で得度したのか

自分の人生を振り返ると

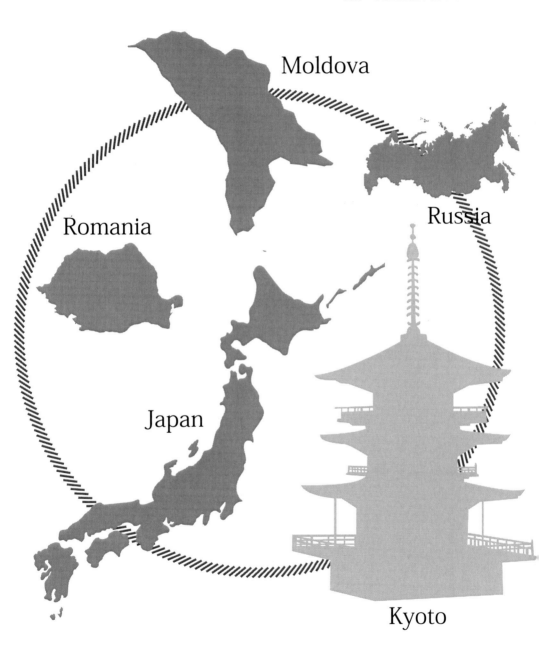

モデル／タレント　コリー・モルドバは　何故？　日本で得度したのか

私も幸せになるために頑張ります

もう全部自分で望んでいたことは

全部出来たから

もう安心して眠れる

全部出来た　みんな幸せ

じゃあこれから私も自分の幸せを探します

みんなが幸せになるために

私の一番大事な人たち

家族が幸せになるために私は頑張った

でも、それが出来たから

苦労してでも出来たから

今は幸せ

やっと落ち着いた

これから私も幸せになるために頑張ります

KORY　Moldova

自分の人生を振り返ると

［EPILOGUE］（あとがき）

　奇しくも、この本を編集している最中の2024年7月3日に、モルドバ・レオバの町に住んでいた父が亡くなりました。
　私たち家族の苦難の旅は、この父の放埓とＤＶ（家庭内暴力）から始まったのです。私は、モルドバの家を出てから、父にはほとんど会っていませんし、亡くなったとしても一瞥もないだろうと思っていました。ましてや涙を流すことなど考えられませんでした。
　しかし、「父が死んだ」ということを弟から連絡を受け、私の心は動揺しました。悲しいのでもない、寂しいのでもない、ただただ、心の中に抑えきれない感情が湧いて、溢れ出る涙を抑えることが出来ませんでした。
　「やっぱり、家族だから」という安っぽい感情でもありません。ただ、父がいなければ、今の私は存在してない訳です。
　どう説明していいのか、分かりませんが、一晩中泣き明かしてしまいました。

翌日、モルドバへ向かう予定で飛行機も手配していましたが、弟や親族から「来なくていい、暑くて大変だから。二日後には埋葬するし」と言うことで、私は日本に留まりました。その代わり、父が逝去した翌日、教会へ足を運び、お別れをしてきました。

　前ページで「家族が幸せになるために私は頑張った。でも、それが出来たから、苦労してでも出来たから今は幸せ。やっと落ち着いた。これから私も幸せになるために頑張ります」と、綴りました。これは父が逝去するずっと前に書いた原稿です。

　父の死に臨み、私は、本当の意味でこの境地に辿り着いたのかもしれません。

　多くの方々に支えられて日本で生きてきました。これからもずっと日本で生きていくつもりです。

　これからも暖かいご支援をよろしくお願い致します。

2024 年　秋

KORY　Moldova

[参考資料]

本書編集に当たり、関係各所に取材協力を頂き、また、各種資料、Web サイトを参考にさせていただきました。ここに感謝申し上げます。

- モルドバ共和国国家統計局 Web サイト
- 厚生労働省検疫所 FORTHWeb サイト
- フリー百科事典『ウィキペディア（Wikipedia）』
- グラフで見る世界の統計 Web サイト
- モルドバ共和国の魚種の絶滅危惧種の数（2018 年の worldbank.org 調査より）
- 独立行政法人国際協力機構（JICA）モルドバ国農業セクター情報収集・確認調査報告書 2017
- 在モルドバ日本大使館 Web サイト
- 国立国会図書館ホームページ／国立国会図書館サーチ／リサーチ・ナビ／レファレンス協同データベース
- OTOA 社団法人一般社団法人ツアーオペレーター協会／都市別安全情報モルドバ
- モルドバ＆ジャパン Web サイト　もっと知りたい。モルドバの魅力
- 帝国書院 Web サイト世界各国の姿モルドバ
- 外務省 Web サイト日本とモルドバ共和国との協力年表
- 在モルドバ日本国大使館モルドバ共和国概観 2015
- ファイブスタークラブ Web サイト
- 中川木材産業株式会社木の情報発信基地 Web サイト
- 小学館日本大百科全書 (ニッポニカ)
- 道南スギ産地形成推進協議会 Web サイト
- るるぶトラベル Web サイト
- 日銀金融市場局データ
- 朝日新聞 GLOBE ＋

- ルーマニア政府観光局
- おもしろ地理 YouTube
- 旅行のとも、ZenTechWeb サイト
- etias.co.jp 欧州渡航情報認証（ETIAS）Web サイト
- NAVICUP- 地図プラットフォーム
- 駐日欧州連合代表部 Web サイト
- ルーマニア政府観光局 Web サイト
- JETRO ジェトロ（日本貿易振興機構）Web サイト
- エスニックな旅 Web サイト
- Moldova Magazine Web サイト
- Google Search
- グローバルノート - 国際統計 Web サイト
- Google マップ
- HELLOBUCOVINA.COM
- World Heritage Online　世界遺産を学ぶ
- city-facts.com　Web サイト

＊名称、商標登録は、それぞれの企業・団体に帰属します。

　本書は、Wikipedia、Wikimedia Commons、Google MAP、Google Search ほかのデータ、画像を使用しておりますが、creative commons や public domain のルールに従って、適正に掲載しております。著作権につきまして、お問い合わせがある場合は、メールにて下記へご連絡下さい。
　全国編集プロダクション協会（JEPA ＝ジェパ）：jepa@edix-jp.com

［編集後記］

　日本在住歴15年以上のコリーさんのインタビューを元に本書を編集しました。インタビューは、90分のメインインタビューを３回行ない、テキスト起こし、生原稿、修正原稿と進め、レイアウトを組んでから編集作業、校正作業を進めるうちに、疑問点の確認、追加したほうが良い内容、流れが分かりにくい点などを補足するために、短時間のインタビュー、打ち合わせを幾度も実施しました。

　本書の内容は、華やかなモデル・タレントの世界とは異なり、ドラマチックな半生、コリーさんの血を吐くような思いが詰まった一冊で、心打たれる内容となっています。

　元より感受性の強いコリーさんが、どのように傷付き、どのように這い上がってきたのか、どのように強く生きてきたのか。本書を熟読頂き、ぜひコリーさんの心の琴線に触れて頂きたいと存じます。

コリーさんは、日本語の日常会話は大変に堪能ですが、文章に置き変えるとなると、表記が難しい部分もあります。
　また、読者にとって国情や地理感が分からないと理解しにくい点も多々あるため、情報、データ部分を編集部の取材で多く補足しています。
　編集部として苦労したのは、モルドバやルーマニアという東欧の国の情報収集です。これだけ情報が広汎に普及している現在でも、なかなか掴みにくい部分がありました。それでも多くの資料やWebサイトを参考に、読者の方が出来るだけ分かりやすく理解出来るように情報を集めました。
　事実関係の確認や専門的な用語、解釈は、編集部が出来る限り取材、補足しましたが、本人の記憶違いや、事実相違、他の見解と異なる可能性もあります。
　この点、ご海容いただき、本書を上梓、拝呈致します。

　　　　　　　　　　　　　　　　　　編集部　拝白

奥 付

モデル／タレント
コリー・モルドバは
何故？　日本で得度したのか

著　　　者	KORY Moldova
企 画 協 力	株式会社 K＆R
編　　　集	株式会社エディックス［EDIX］
発 行 日	2024 年 12 月 25 日　初版発行
発　　　行	全国編集プロダクション協会（JEPA＝ジェパ） 〒 107-0052 東京都港区赤坂 4-13-5 jepa@edix-jp.com ／ 03-6807-4151
発 売 元	株式会社三恵社 〒 462-0056 名古屋市北区中丸町 2 丁目 24 番地の 1 TEL 052-915-5211　（代）

Ⓒ 2024　KORY Moldova　　　　　　ISBN978-4-8244-0020-8

落丁、乱丁本は、送料当社負担にてお取り換えいたします。
本書の無断複製（コピー、スキャン、デジタル化等）は著作権法の例外を除き禁じられています。
私的利用を目的とする場合でも、代行業者等の第三者に依頼してスキャンやデジタル化することは認められておりません。